Kathrin Dittmer

Hasenrein eingemiezelt

Kathrin Dittmer

Hasenrein eingemiezelt

Kolumnen

zuKlampen!

www.zuklampen.de

Umschlaggestaltung: André Kleegräfe · Hannover
Satz: Germano Wallmann · Gronau,
nach einer Vorlage von Matthias Wehrhahn · Hannover
Druck: Bookfactory Buchproduktion GmbH · Stadthagen

ISBN 978-3-86674-572-8

Bibliografische Information der Deutschen Nationalbibliothek
Die Deutsche Nationalbibliothek verzeichnet diese Publikation
in der Deutschen Nationalbibliografie; detaillierte bibliografische Daten
sind im Internet über ‹http://dnb.dnb.de› abrufbar.

Inhalt

1. Haken schlagen

Leichte Beute

Neulich habe ich sie gesehen. Ganz früh in der Dämmerung. Leicht geduckt schnürte sie auf die Ligusterhecke zu, die Amsel fest im Maul. Von mir nahm sie kaum Notiz, nur die leicht zurückgelegten Ohren deuteten Unwillen an.

Wir waren beide auf dem Heimweg, die Katze und ich. Beute hatte ich nicht gemacht, es sei denn eine monatliche Gehaltsüberweisung kann als solche gelten. Und wesentlich müder als die Mieze war ich gewiss. Akkumulative Prozesse können belastend sein, egal, was man anhäuft. Ich schichte Müdigkeit. Die sedimentiert an mir zu einem kalkigen Gebilde, das ich als mein verschwommenes Selbst herumschleppe.

Neulich, in einer Besprechung, saß ein netter junger Mann neben mir. Er war windgezaust und vergnügt, weil man zwei wenig effektive Stunden erwarten durfte. Ich gestand, dass es mir genauso ginge. Früher hatten mich langwierige Besprechungen unruhig gemacht, heute nehme ich alles dankbar hin, wenn es nur eine gewisse Einförmigkeit birgt. Es wirkt – so stellten wir beide fest – nicht nur ein permanentes Kommunikationsgewitter auf uns ein, ein Artilleriefeuer der Zurufe, sondern irrerweise sind wir diesem Beschuss bereits vollständig erlegen. Und müssten doch eigentlich tot sein. Und sind es aber nicht, sondern werden nur schon etwas durchsichtig an den Rändern.

Aus Notwehr stellen sich manche jedoch tot. Aber das ist auch keine Lösung. Damit lässt man sich alles nehmen. Denn die gefährliche Spezies, die unnachgiebigen Knechte der Zeitzerhackung, tritt immer noch fest auf und schwingt gern mal die

Peitsche. Es ist »Die Frau, die alles im Griff hat«. Am Früstückstisch, ihr gegenüber, sitzt ihr Gefährte, »Der Mann, der nicht versteht, wo das Problem liegt«. Diese Spezies ist nicht direkt extraterrestrisch, aber immer konsequent auf dem falschen Dampfer, hat die lieben langen 24 Stunden des Tags im Plan, zu allem eine Meinung und hinkt jeder Entwicklung zwei Jahre hinterher. Wir verdanken ihr den Börsengang der Bahn, die Wiedereinführung der Fünzig-Stundenwoche ohne Lohnausgleich, Tablettenmissbrauch, die Tütensuppe und Gehwegplatten zwischen den Miniazaleen auf Omas Grab. Vielleicht auch Atomkraft und Gürtelrose.

Aber die Herrschaft der Zeithacker wird nicht ewig dauern. Die Natur wird überwuchern, was wir ihr entwunden haben und alles entschleunigen. Wir müssen uns einfach nur sehr, sehr langsam bewegen. Viel gähnen und Gedichte lesen. Auswendig lernen. Horchen. Nichts tun. Das wirkt energetisch zurück. Bis Nebel aufsteigt und das Gewitter verklingt. Der frühe Vogel endet im Maul der späten Jägerin. Ungerührt zwitschern die Rotkehlchen.

2012

Wenn der warme Wind das Fell zaust

Immer wenn ich mir eine Weltanschauung zurechtgelegt habe, muss ich sie gleich wieder verwerfen. Gut so.

Denn schön ist es vielmehr, die Sichtweise so oft wie möglich zu wechseln. Vielleicht sogar vorübergehend ein Kaninchen zu sein, vorzugsweise an einem angenehmen Frühlingstag, wenn ein warmer Wind das Fell zaust und alles Raubzeug schon satt ist. Metamorphose nicht als Einbahnstraße, sondern hin und her, wie und wohin man gerade möchte. Ja, natürlich, das lässt sich schlecht mit regelmäßigen Verpflichtungen verbinden. Es ist ja auch bloß eine Phantasie, ein alter Traum von multipler Existenz und vom Mythos der Gestaltwandlung.

Von Ferne betrachtet, brauchen wir das nicht, solange wir fühlen können. Wir sind Teil des Ganzen und es reicht, in die Welt hinaus zu blicken. Von sich weg. Das bekannte buddhistische Rätsel löst, wer im Spiegelkabinett sitzt und auf die Frage, was er sieht, antwortet: »Nichts.« Nicht, weil seine Existenz nichtig wäre. Nein, weil er einfach da ist und von sich aus nach außen schaut und es da gerade nichts zu sehen gibt.

Die Anschaffung einer Weltanschauung hingegen ist heikel und lässt sich am besten mit der Anschaffung einer Küchenmaschine vergleichen. Man hat alles zum Thema Häckseln, Raffeln und Rühren parat, aber es ist zu aufwendig, wegen einer Salatgurke oder einem Pfund Quark, die Maschine aus dem Schrank zu nehmen, aufzustellen und dann zu reinigen. Die Küchenmaschine dient hauptsächlich der Vergegenwärtigung von Gewichtigkeit, Lärm und Befähigung in der eigenen Küche. So auch die Weltanschauung. Dabei geht nichts über ein wirklich scharfes und handliches Messer. Und man wusste das, hat aber trotzdem die teure Maschine gekauft, um endlich kompetenter zu sein. Am besten, man lässt sie im Schrank und spricht nicht mehr von ihr.

Nun gibt es Leute, die haben die Weltanschauung nicht im Schrank, sondern benutzen sie täglich. Das ist gefährlich. Weltanschauungen legt man sich nämlich ausschließlich aus Erschöpfung zu, leichterhand und allzu oft als menschliche Reife bezeichnet. (Auch eine Küchenmaschine wird gerne erworben, wenn man schon alles hat!) Eine einzige Weltanschauung ist aber, solange man lebt, hinderlich, es sei denn, man wäre lieber tot. Allen, die gerne davon reden, man solle seinen Platz in der Welt finden, möchte ich an dieser Stelle zurufen: Immer schön wechselhaft! Der einzige Platz, den wir je belegen werden, ist recht klein und unspektakulär und sollte nur eingenommen werden, wenn man wirklich schon tot ist.

2012

Da nich' für!

In diesen Tagen ist es en vogue, sich von etwas zu distanzieren, in dessen Nähe man sich nie befunden hat. Nun will man ja keinem verwehren, sich zur eigenen Verortung zu äußern. Aber wäre es nicht schlauer – und irgendwie auch weniger geräuschvoll – seinen Standpunkt zu benennen als seine multiplen Nicht-Standpunkte?

Noch schlimmer und wesentlich weniger unterhaltsam finde ich, von anderen zu verlangen, dass sie auf Distanz zu etwas gehen, von dem sie weit entfernt sind. Ha, werden Sie jetzt denken, es ist klar, worauf das hinausläuft. Und Sie haben Recht: Ich bin nicht bereit, mich vom Terrorismus zu distanzieren. Wie sollte ich da auch auf mehr Distanz gehen? Da müsste ich schon die Galaxie wechseln. Wäre ich muslimischen Glaubens, dürfte ich das gar nicht schreiben, nicht wahr? Schrecklich.

Aber wäre ich Muslim und fühlte ich mich genötigt, mich vom Terror zu distanzieren, würde sich garantiert irgendjemand dafür bei mir bedanken. Auch schrecklich. Es ist in diesen Tagen nämlich genauso Mode, sich öffentlich zu bedanken. Auch mir wurde neulich bis zum Abwinken gedankt. Mit ungefähr 24.999 anderen Menschen war ich auf einer Demonstration. Mein Eindruck war, die meisten waren wie ich da, weil sie Meinungsfreiheit wichtig finden. Nun gut, manche trugen Banner gegen Intoleranz. Das ist lieb, bringt aber nicht viel, denn gegen Dummheit ist kein Kraut gewachsen. Lieber öfter mal für ein konkretes politisches Ziel eintreten, das rührt zwar den Bundespräsidenten nicht so, ist aber effektiver. Dennoch verstehe ich, dass man auch mal in der Innenstadt zeigen möchte, dass man sich nicht zu den Bekloppten und Bescheuerten zählt. So folgte auch ich bereitwillig dem Aufruf verschiedenster Gruppierungen. Die Aufrufer hatten wohl nicht mit solchem Andrang gerechnet und so standen wir überwiegend demonstrativ. Das machte ja nichts. Was mich aber doch störte, war, dass sich vom Rednerpodium herab dauernd einer bei uns bedankte. Wie ein Firmen-Jubilar seinen Angestellten dankt. Auch bedankte man sich, für meine demokratische Gesinnung. Die habe ich aber nicht zu Gefallen der Politik, Kirche oder Gewerkschaft. Die habe ich einfach von mir aus. Ich wusste auch gar nicht, dass ich auf deren Feier war. Ich dachte, es wäre eine gemeinsame – ja, Demonstration. Sozusagen Einigkeit für Recht und Freiheit. Einfach so.

Ich hege seitdem einen schlimmen Verdacht: Die Regierenden und Gewerkschaften und andere Organisatoren glauben, dass der Großteil der Bevölkerung zu den Bekloppten und Bescheuerten gehört, und entsprechend überwältigt sind sie, zu sehen, dass die mal was richtig machen.

Einen Vorteil hat das Gefälle in der Gesellschaft aber: Wenn man sich nicht genug wahrgenommen fühlt, kann man sich öffentlich von irgendwas distanzieren und das dankt einem dann wer. Ich könnte mich jetzt und hier zum Beispiel ohne Weiteres von allen Carrerabahnbesitzern, Apfelessern, Zweiraumwohnenden, Sexmaniacs, Zölibatären, Sonnenstudiobetreibern, Überglücklichen, Unglücklichen, Katzenhassern, Hundezüchtern, Weichspülerbenutzern, Eisschwimmern, Süßschnäbeln und Fernsehmoderatoren, Päpsten und Komasäufern distanzieren. Alles so Sachen, die mir fern sind, ich zur Zeit nicht tue, habe, bin, nicht will, nicht kann oder nie tun, wollen, haben oder können werde. Na gut, man nimmt manchmal Gewohnheiten an, die man früher verabscheut hat und kann seine Meinung ändern. Es soll ja sogar Leute geben, die aus Regierungsparteien austreten. Selten, aber es gibt sie.

Auch ich bin manchmal kurz davor, wenn die Handtücher so kratzen, Weichspüler zu kaufen. Ich kann mir sogar sehr entfernt vorstellen, doch noch den Führerschein zu machen, überglücklich zu sein oder Hunde zu züchten, obwohl das irre weit von dem weg ist, was ich derzeit tue. Aber ich kann mir beim besten Willen nicht vorstellen, Terrorist zu werden. Ich hoffe, es wird mir keiner danken.

2015

Wunschlos glücklich

Zufriedenheit ist ein hohes Gut, aber irgendwie hat sie auch etwas Selbstgefälliges. Vor allem, wenn man von einfältigen Pulswärmerträgerinnen mit Kalendersprüchen zu Bescheidenheit angehalten wird. Ist es denn wirklich eine Perle fernöstlicher Weisheit, dass man ohne Schuhe im Schnee froh sein soll, dass man noch seine Füße hat? Zumal es dann bis zum Abfrieren ja nicht mehr lang hin sein kann.

Nun ist in unseren Breitengraden echter Mangel tatsächlich kein Massenphänomen. Vielmehr kranken wir am Überfluss. Das ist schon irgendwie beschämend und manchmal rufe ich mir selbst am frühen Morgen zu: »Meine Probleme möchte ich haben!«, wenn ich antriebslos hinter einem halben Liter echtem Bohnenkaffee über irgendeines grüble.

Was es aber sehr wohl mitten im Überfluss gibt, ist das Gefühl, irgendwann mal falsch abgebogen zu sein und festzustecken. So gings mir neulich auch. Und als mir auffiel, dass ich im Alltag den Schlangen und Eisenbahnen gleich sogar buchstäblich stets dieselben Wege nehme, nahm ich einfach mal eine andere Abzweigung.

Während ich so durch die Gegend stromerte, kam ich an einer Fleischerei vorbei. Mitten im Schaufenster prangte ein Plakat, das für eine Aufführung von Brahms Requiem warb. Nun entbehrt es nicht der Komik, wenn man mit toten Tieren handelt und im Schaufenster prominent auf den Weg allen Fleisches hinweist, aber ich dachte, man müsse sich vielleicht doch Sorgen machen. Zumindest scheint mir die Ankündigung eines Totenamts zwischen Nackensteak und Mettwürsten recht provokativ. Leidet der Metzger mit der dahingeschlachteten Kreatur oder doch eher um seiner selbst willen? Heißt es nicht bei Brahms auch: »Denn alles Fleisch es ist wie Gras«? Was will der Mann uns damit sagen? Ist er im Herzen Vegetarier oder heißt das Motto »Schwein oder Mais – alles Wurscht!«?

Aber Kurzschlüsse sind gar nicht und Umkehrschlüsse nicht immer erlaubt. Und Glück ist wie Unglück wohl oft Interpretationssache. So wie bei den Zettelchen, die in Glückskeksen oder Losen stecken. Aber der Spruch »Sie brauchen sich über Ihre Zukunft keine Gedanken zu machen.« kann doch sehr wohl als zweideutig gelten! Dennoch hat eine Frau es mir auf einer Party mal sehr übel genommen, als ich ihre Freude über ihr »Los« dämpfte, und mir meine Logik als Übelwollen ausgelegt.

Dabei hatte ich nur darauf hinweisen wollen, dass Wünschen eine hohe Kunst ist, denn die Götter (oder wer immer sich da zuständig fühlt) sind noch selbstbezogener als Pulswärmerträgerinnen. Daher ist es gut, dass nicht all unsere Wünsche in Erfüllung gehen. Als Kind wünschte ich mir nämlich nichts sehnlicher, als dass mir ein Fell wüchse und ich außerdem nie wieder zum Zahnarzt müsse. Und ich wollte unbedingt, dass meine Oma immer bei mir bliebe. Wie ich die beinharten Wunscherfüller kenne, die teilnahmslos über uns grasen, wäre ich demnach einen frühen Tod gestorben und hätte zuvor behaart und zahnlos ein elendes Leben außerhalb der menschlicher Gesellschaft – womöglich allein mit Oma in einer Höhle – gefristet.

Davor hatte ich ja nur warnen wollen, aber die Frau war sehr böse mit mir. Übrigens trug sie sebstgefilzte Pulswärmer und hat mir das letzte Bockwürstchen weggeschnappt. Es gibt eben Konsumphänomene, die sind nur schwer zu knacken.

2014

Hasenrein eingemiezelt

Immer wieder lernt man neue Wörter kennen. Die meisten verraten nur eine gewisse Sprachfaulheit oder absichtliche Unschärfe, wie »runterzeichnen« oder »hochpreisig«. Ganz schrecklich ist natürlich das Kauderwelsch bei unserem täglichen Umgang mit der Technik, das man eigentlich auch »daunloden« und »abdäten« schreiben könnte. Während andere Wörter, die ähnlich zusammengestoppelt sind, den Charme des Rotwelsch haben: »Ich bin ziemlich abgebastelt und wenn wir noch weg wollen, muss ich mich erst aufbrezeln«, sage ich manchmal aus Freude an seltsamen Wörtern ohne eindeutigen Sinn und aus gegebenem Anlass. Auch das Verb »abflattern« gefällt mir. Es hat weder etwas mit Geflügel noch mit einem zügigen Abgang zu tun, sondern meint das Absperren mit rot-weiß gestreiftem, sogenanntem Flatterband. »Kein Thema«, sagt der nette Techniker, »ich flatter Ihnen das ab, dann kann der Ü-Wagen nachher hier parken.« Klasse! Verträumt denke ich an »Zwiebelfische« und »Hurenkinder« aus der Zeit, als es noch »Schweizer Degen« gab. Die ersten hat der auch schon wieder antiquierte Fotosatz uns genommen, die zweiten gibt es heute um so mehr, weil der strenge Blick der Dritten auf Satz und Umbruch fehlt.

Manche sehr brauchbaren Wörter sind einfach nicht mehr geläufig oder aus der Hochsprache verbannt worden, wie zum Beispiel »einmiezeln«. Sich einzumiezeln kann schön sein, dass sich etwas »so einmiezelt« eher nicht. Ein anderes Wort dieser Kategorie ist »hasenrein«. Als ich es zum ersten Mal hörte, musste ich an ein kleines Bilderbuch denken, das ich als Kind besaß: »Familie Osterhase«. Bei denen war es in der Tat sehr adrett zugegangen. Es bezeichnet aber einen Jagdhund, der auf Vögel abgerichtet ist. Immerhin, keine Gefahr für Familie

Osterhase, die allerdings unter dringendem Klischeeverdacht steht und selber nicht ganz hasenrein zu sein scheint.

Ich habe es gerne, wenn jemand etwas barocker mit unserer Sprache umgeht und Wörter neu zusammensetzt oder erfindet. Schattenlichtspiele gibt es an Hausfassaden bei Karl-Heinz Ott. Galaxiendotter, Schleierwuseln und herabbelfernde Schneeflocken finden sich bei Thomas Rosenlöcher. Auch wenn heute ein sparsamerer, nüchterner Stil überwiegt – der auch von bestechender Melancholie sein kann – ich lese das andere lieber: mehr Wagnis und eine lebhaftere Sprachmusik.

Neulich musste ich eine Amtsperson überzeugen: »Ich kann Ihre Shareware nicht downloaden, Update geht nicht ohne neue Hardware und die ist nicht drin.« »Das kennen wir«, hieß es, »der Costcut nimmt überall zu.« Wir haben uns gleich verstanden. Da hat sich wohl in unseren Wortschatz einiges nicht ganz hasenrein eingemiezelt.

2006

Verlässliche Wörter

Eisenbahn, Ginster, Milch, Holz, Kohle, Suppe, Marmelade, Pfote – einige Worte, die ich persönlich als sehr verlässlich empfinde. Leider erweisen sie sich bei längerem Betrachten oder Anhören schon als wesentlich unzuverlässiger. »Milch« zum Beispiel, ein geradezu unheimlich bläuliches Schimmern. Nur »Marmelade« hält etwas länger stand, wird dann aber vollends unbegreiflich.

Mit einem kurzen Satz hat Alexander Kluge viel zu diesem Phänomen gesagt: »Je näher man ein Wort ansieht, desto ferner schaut es zurück.« Er bezog es, in seinem Film und Buch »Die Patriotin« von 1979, zeitgemäß auf das Wort »Deutschland«. In politischen und historischen Zusammenhängen ist ohnehin Skepsis geboten, was den Unterschied zwischen einem Wort und seiner Bedeutung angeht. Je weniger Demokratie, desto verschleierter sind die Begriffe. Bei uns haben sich allerhand Euphemismen für eher unangenehme Tatsachen eingebürgert. »Freisetzen« oder »entsorgen«, zum Beispiel, hießen früher noch »entlassen« und »wegwerfen«.

Wie ist das aber in der Literatur? In der Literatur ist es das Schöne, dass den Worten eine Bedeutung *gegeben* wird. Niemand behauptet, die Wahrheit zu kennen oder zu verkünden. Tut er es doch, dürfen Sie sicher sein, dass es keine Literatur ist!

Die Kunst hat den Vorzug, Wahrheit zu suchen, aber nicht finden zu müssen. Aufgeklärte Forschung – ob nun Natur- oder Geisteswissenschaft – wird sich allerdings mit der gleichen Haltung präsentieren. Der Dozent für Logik und Mathematik und Gelegenheitsautor Charles Lutwidge Dodgson alias Lewis

Carroll schickte schon 1865 seine Alice ins Wunderland, um sie einen Blick auf die Realitäten der Macht und der Möglichkeiten werfen zu lassen. Als sie auf Humpty-Dumpty trifft, erklärt dieser ihr genau, wie man Wörter in den Griff bekommt und wie man sie am besten kurz hält, damit sie spuren: durch äußert dürftige und sporadische Bezahlung nämlich. Als Alice entsetzt fragt: »Aber man kann doch Wörter nicht einfach etwas anderes heißen lassen?« entgegnet er selbstgefällig: »Es kommt nur darauf an, wer die Macht hat.« Verben seien allerdings die Widerspenstigsten. Leider kippt er dann von der Mauer, und wie wir wissen, können ihm weder des Königs Pferde, noch des Königs Männer wieder aufhelfen.

Auch Bernd Lichtenberg, der Drehbuchautor von »Good Bye, Lenin«, fragt sich am Schluss seines Buches »Eine von vielen Möglichkeiten, dem Tiger ins Auge zu sehen«, ob einer, der sagt, den Gesang eines Vogels gehört zu haben, nicht vielleicht eine Schiffssirene gehört hat, die er Vogel nennt, »nachts, wenn das Fernweh allen Wörtern ihre scheinbare Verlässlichkeit raubt.«

Gibt es also verlässliche Wörter? Nein.

Außer Eisenbahn, Ginster, Milch, Holz, Kohle, Suppe, Marmelade und Pfote natürlich.

2005

Über den Worten

Wie recht Jerome K. Jerome hatte, als er in seinem vergnüglichen Reisebericht von 1900 behauptete, es gäbe zu viele deutsche Dialekte, als dass es sich für einen Fremden lohne, reines Deutsch zu lernen, und meinte, er sei geneigt zu glauben, dass Deutschland im Verlauf des Jahrhunderts über diese Schwierigkeit hinwegkäme, indem es Englisch spräche. Geradezu prophetisch! Da es jedoch noch nicht ganz so weit ist, musste ich meine leicht eingerostete Fremdsprachenkompetenz wieder hervorkramen, als ich an der ICORN-Tagung in Brüssel teilnahm.

In Brüssel selbst, obwohl Hauptstadt des nicht nur im Sprachstreit liegenden Belgiens, hört und liest man auf der Straße und in den Geschäften neben Französisch und Flämisch in zumindest scheinbar friedlichem Ungleichklang so ungefähr jede Sprache Asiens und Afrikas und noch ein paar europäische dazu. Bei der Tagung wurde Englisch gesprochen. Aber vor die Verständigung, lieber Jerome K. Jerome, haben die Götter den Akzent gesetzt!

Hat man sich gerade in den hohen, spannungsvollen Ton des bengalischen Autors eingehört, folgt das handfeste Englisch einer kämpferischen, senegalesischen Lyrikerin. Englisch erklingt mit afghanischem, simbabwischem, iranischem, irakischem, chinesischem, russischem und algerischem Akzent. Dazu poetisch, sachlich, ironisch, traurig, aufgeregt, tief bewegt, nüchtern und düster. Ein halber Konferenztag und ich trudele schon ein wenig. Erleichtert stelle ich fest, dass nun eine Weile eine der norwegischen Organisatorinnen sprechen wird, bis mir einfällt, dass ihr Mann Schotte ist und sie eine bravuröse

Eloquenz an den Tag legt, bei der mein innerer Übersetzer regelmäßig streikt. Doch am schlimmsten sind im Grunde sowieso die Muttersprachler: affenartige Geschwindigkeit, gnadenlos sophisticated.

Am Nachmittag geht es mit der finnischen Europakommissarin weiter, die schön langsam kurze Sätze spricht, jedoch hat nun mein löchriges Vokabelgedächtnis seine liebe Not mit den Fachbegriffen. Bei der anschließenden Podiumsdiskussion gerate ich nach immerhin erst zwanzig Minuten ins Schleudern und freue mich das erste Mal im Leben ernsthaft auf ein Sitzungsprotokoll, in dem ich die Kernpunkte werde nachlesen können.

Ich schaue mich im dämmrigen Licht des Theatersaals um, in dem wir tagen, und sehe, dass mein Nachbar zur Rechten das tut, was einige im Theater tun: schlafen. Geschickt hält er den Kopf in einem Neigungswinkel, der konzentriertes Zuhören simuliert. Links von mir schaut der Leiter der Casa Refugio Citlaltépetl aus Mexiko City ernst in Richtung Bühne. Ich flüstere ihm zu, ob er mir helfen kann, den Faden wieder aufzunehmen, was schlicht *»did you get him?«* heißt, und er antwortet mir mit leicht flötendem Akzent, denn er ist Franzose, daß er keine Ahnung habe, der eben gebrachte Beitrag sei kryptisch-poetisch überambitioniert, aber es gäbe gleich Kaffee, ob ich mit rauskäme und vielleicht eine kubanische Zigarre wolle. Und richtig naht kurz darauf in zweifacher Hinsicht die Rettung in Form des deutschen Vorsitzenden. Er spricht umstandslos und kurz – also völlig atypisch für Deutsche – und kündigt zudem die Kaffeepause an. Allerdings mahnt er auch, sich rechtzeitig für einen der samstäglichen Workshops einzutragen.

Vielleicht aus Irrsinn, vielleicht aus Orientierungssuche wähle ich »translation and publication«. Dort rufe ich den Unmut der

Gastautoren hervor – die nach den repressiven Bedingungen zuhause glaubten, nun unbegrenzte Möglichkeiten zu haben –, weil ich erkläre, dass in den Ländern freier Meinungsäußerung keine Rundum-Künstler-Alimentierung existiert, sondern Verlage Bücher publizieren, um Geld zu verdienen. Rasch breche ich eine Lanze für die geschmähte ethische Haltung der Verlage und lobe insbesondere die engagierten »independent small publishinghouses«.

Nun schaut mich der dänische PEN-Vorsitzende böse an, weil ich die Frage der meist notwendigen Förderung unter den Tisch habe fallen lassen und es ihm sprachlich nun auch zu kompliziert wird, meine Eloge zu korrigieren. Denn der kabylische Stipendiat von Fanø hatte mich nur zu gut verstanden und eben gefragt, ob es solche Verlage auch in Dänemark gäbe. In der Mittagspause erfahre ich, dass er in Sønderho untergebracht ist, das 350 Einwohner hat, die das Abschließen von Haustüren für Geheimnistuerei halten und Anklopfen für ein Zeichen von Misstrauen. Ein Drittel der Dorfbevölkerung hat innerhalb der ersten Woche auf einen Kaffee bei ihm vorbeigeschaut. »Lovely«, sage ich und nach einer bedeutungsvollen Pause: »Crazy.« »Yes«, sagt der junge Mann aus der Kabylei, »exotic experience« – besonders, weil die meisten einfach Dänisch mit ihm gesprochen hätten. Das erscheint mir inzwischen ganz vernünftig.

Am Abend schwänze ich mit Klaus und Philippe den selbstverständlich mehrsprachigen »literary event« unter dem nicht ganz unwahren Vorwand, am anderen Morgen sehr früh zum Flughafen aufbrechen zu müssen. Wir finden eine Kneipe, wo man trotz der Abendkühle draußen sitzen kann. Ich überfliege die flämische Karte, denn inzwischen bin ich überzeugt, jede Sprache der Welt zu verstehen, wenn ich es nur nicht zu genau nehme. Wir wählen das »Bier des Monats«, das vermutlich von der Mitarbeiterin des Monats serviert wird, einer ruppigen Kellnerin, die so rasant Französisch spricht, dass ich zu ihren Ausführungen einfach nicke. Haben die Belgier einen wohlmeinenden Gott des Bieres und der Ironie? Sie bringt Trappistenbier. Wir lehnen uns zurück, strecken die Beine aus, paffen Philippes kubanische Zigarren – und schweigen.

2011

Liebe, Tod & Taxi

Manchmal ist es gar nicht so leicht, sich etwas einfallen zu lassen. Das kennt jeder. Man könnte alles machen und gerade deswegen geht nichts. Wie beim Einkaufen, wenn man vor lauter Warenangebot nicht weiß, was man nehmen soll, und plötzlich alles überteuert und nicht des Kaufes wert findet.

Das sind natürlich Luxusprobleme. Solange man sein Auskommen hat, ist das nicht weiter wild. Es besteht nur die Gefahr, in einen Trott zu geraten und einfach immer dasselbe zu machen. Ich bewundere Leute, die radikal sind in diesen Dingen. Ich meine jetzt nicht, spontan Homard à l'américaine anstelle von Pellkartoffeln zuzubereiten, obwohl man keine Ahnung und nur einen verbeulten Topf besitzt, sondern, sich auf den Weg zu neuen Ufern zu machen. Oft wird ja dergleichen im Roman oder Film dargestellt.

Trotz meiner Bewunderung bleibe ich bei diesen Darstellungen misstrauisch. Nehmen wir an, so ein Protagonist findet sich – also nicht nur in einer Kaufkrise, sondern in einer echten Lebenskrise. Da lässt er alles hinter sich und geht nach – beispielsweise – New York oder, noch abgedrehter, nach *Teheran* oder Fukuoka. Dort hat er dann alle möglichen bedeutungsschweren Begegnungen und das Leben geht weiter, oder er kommt zu der Erkenntnis, dass das Leben nie weitergeht, sondern immer im Kreis rum und dass nur die *Liebe* zählt oder es nur auf den *Tod* zu warten gilt. Ich frage mich dann immer: Wie hat er das finanziert? Er sitzt dauernd im Café, sieht weiter gut ernährt aus und fährt sogar *Taxi* oder entschließt sich, kurz nach Texas zu fliegen und hängt dann da ein Vierteljahr rum. Wovon?

Manchmal sind es Künstler. Nun ist hinlänglich bekannt, dass nur sehr, sehr wenige Künstler eine goldene Kreditkarte besitzen. Also, wie geht das? Ich weiß, das ist materialistisch gedacht, aber ich meine auch keine surrealen oder metaphorischen Stoffe, sondern solche, wo einfach nur eine Geschichte erzählt wird. Vielleicht bin ich auch insgeheim wütend, dass mir so ein Beispiel gegeben wird und ich mir in meiner vertrauten Umgebung ganz feige vorkomme. Trotzdem, diese Menschen müssen alle reiche Erben sein, denn sie gondeln durch die *Weltgeschichte*, ohne irgend etwas zu tun, das sie ernährt. Also, ich vermute, sie jobben doch. Es wird nur nicht erwähnt, weil das, solange sie nicht Vogelwart werden und ihr Leben ohne Umschweife ganz der *Ornithologie* weihen, als langweilig gilt.

Jetzt komme ich mal zu einem meiner Probleme: Ich musste in diesem Text die Wörter »Liebe«, »Tod«, »Teheran«, »Taxi«, »Ornothologie«, »Weltgeschichte« und »Ehe« unterbringen. Warum, führt jetzt zu weit. »Ornithologie« ging ja noch, aber »*Ehe*« ist jetzt leider (und natürlich vollkommen zufällig) übrig geblieben.

2008

In Aalsupp gehört kein Fisch

Eigentlich wollte ich etwas Komisches schreiben, aber es gelingt einfach nicht. Ich ärgere mich in letzter Zeit zu sehr beim Zeitunglesen oder Fernsehen. Und zwar mal wieder – es ist kaum zu glauben, nach elf Jahren immer noch – über Samuel P. Huntington. Genauer gesagt über seinen Übersetzer. Vielleicht war es auch nur die Titelredaktion des deutschen Verlags, die entschieden hat »clash of civilization«, also das Aufeinanderprallen der Zivilisationen mit »Kampf der Kulturen« zu übersetzen. Und an diesem angeblichen Kampfgetümmel kommen wir nun nicht mehr vorbei.

Nun kämpfen die Kulturen in allen Medien und in den Köpfen der Menschen. Ist es diese verflixte Kombination aus german angst und german stabreim, dass das so gut ankommt? Ist die deutsche Eigenart, das Fürchten zu lernen und die Alliteration des Rätsels Lösung? Leider muss ich immer völlig unpassend an den »Krieg der Knöpfe« denken, wenn ich es höre, oder an den »Lauf der Lemuren«, obwohl mir die Veralberung des ernsten Themas wirklich fern liegt.

Der Siegeszug der griffigen Formel, die übrigens auch Huntington nicht gerecht wird, lässt sich anscheinend nicht mehr aufhalten. Statt zu überlegen, ob bei uns innenpolitisch nicht schon eine Sicherung durchgebrannt ist, fragen ehemals differenziert denkende Redakteure vorzugsweise ausländische Experten, wie dem »Kampf der Kulturen« beizukommen wäre. Die ausländischen Experten geben dann irritierend interessante Antworten, die aber nicht zur Frage passen. Kein Wunder: vom Kampf der Kulturen haben sie ja auch nie etwas gehört. Und schon wieder prallt etwas aufeinander – und voneinander ab.

Das Besetzen von Begriffen ist ein wirkungsvolles politisches Instrument. Dass sich ein Slogan quasi von selbst durchsetzt, ist neu. Es erinnert freilich an die Werbung aus unseren Kindertagen, die sich in einer Ecke des Gehirnkastls festgesetzt hat und die wir nun zu den Schätzen unseres Langzeitgedächtnisses zählen dürfen. Oder werden Sie je vergessen, dass Olaf Husten hat?

Vielleicht muss man diese Erscheinung mit ihren eigenen Waffen schlagen, indem man selbst ein paar eingängige Formeln findet und den Wettbewerb »Denkvermögen der Demokratien« ausruft. Wer findet den besten Gegen-Slogan? Das »Zagen der Zivilgesellschaft« sollte endlich aufhören.

2007

Winki

Katalog meiner Sentimentalitäten II

Früher wurde nicht so viel erzogen, sondern man überlebte die Kindheit einfach. Die war von allerhand Seltsamkeiten, eigenen Rätseln und kleinen Beschwörungen durchzogen. Ich erinnere mich, dass ich, als ich noch sehr klein war, nicht gerne Gummibärchen aß. Auch wenn es eindeutig lebloses Zuckerzeug war, konnte ich kaum glauben, dass man die Bärchen ungestraft zerbeißen durfte. Meine Geschwister kauften Teufel am Kiosk, aus Weingummi mit rot-grünem Körper und schwarzem Kopf. Die aß ich bedenkenlos, doch auch nicht ohne Mitleid mit dem Teufel. Vielleicht waren meine Impulse einfach fehlgeleitet, da ich zumindest in Erwägung zog, Schokohasen zu bestatten statt sie zu essen. Ich besaß und versorgte auch ein hässliches – und nebenbei gesagt, haltlos rassistisches – Plastikpüppchen namens Winki, das uns irgendein onkeliger Schützenfestgänger überlassen hatte.

Winki war dunkelbraun, hatte ein Plastikbaströckchen an, wurstförmige Ärmchen und Beinchen, Henkelohren mit einem goldfarbenen Ohrring, Wackelbildäuglein, und ich wundere mich heute, dass er keinen Nasenring hatte und Bimbo hieß. Uns war das egal. Er durfte mitspielen. Und da Winki mir sehr leid tat, weil er so hässlich war und offensichtlich nicht hätte existieren dürfen, baute ich ihm ein gemütliches Heim aus Pappe. Wunderbarerweise passte er genau in ein leeres Schächtelchen Erfrischungsstäbchen, aus dessen Deckel ich Betthaupt und Fußteil ausschnitt. Ich weiß nicht, wie erholsam der Schlaf im Erfrischungsstäbchen-Bett ist, aber bestimmt schöner als in einer Zigarettenschachtel zum Beispiel. Überhaupt die Sprengel-Schokolade. Schön war der goldene Bienenkorb auf den Tafeln. Die Pralinenmischungen hießen *India* oder *Für Genießer* und Oma hatte manchmal eine Schachtel *Theresientaler*, wobei ich mich heute frage, wieso man in Hannover Schokolade nach österreichischen Kaiserinnen benannte. Womöglich aus tief sitzendem Preußenhass in der hannoverschen Schokoladenproduktion.

Jedenfalls ergab eine Erfrischungsstäbchen-Schachtel ein prima Winkibett. Das polsterte ich mit Watte und einem winzigen Stückchen Stoff aus und deckte ihn mit einer sorgfältig zugeschnittenen und aufgerauten Papierserviette zu. Das Basteln war natürlich das Beste am Winki-Versorgen, denn er gab sonst spieltechnisch wenig her. Also wuchs das Winki-Interieur um einiges an, es gab ein Fenster mit Läden, selbstverständlich eine Tür, obwohl Winkis Schuhkarton, der sein Haus war, kein Dach hatte, und Bilder an den Wänden. Sogar ein Fernseher war da. Eines dieser kleinen, billigen Kunststoff-Knipsapparätchen, in denen vier, fünf Bilder betrachtet werden konnten. Kein Vergleich zum Kaleidoskop, aber ein prima Winki-Möbel.

Ich weiß nicht, wo Winki geblieben ist. Es könnte sogar sein, dass er mit dem Alpenmilchbären in einer alten Spielzeugkiste ruht, womöglich in seinem Erfrischungsbett. Heute, wo man alles, aber auch alles im Internet findet, habe ich gesehen, dass es auf Ebay zig Winkis zu kaufen gibt. Sie heißen Blinky Winky oder Blinkie Winkie und nicht schlicht Winki wie unserer. Und dieser plastikgewordene Rassismus wird dort verbrämend als »kleine schwarze Puppe made in Hongkong« bezeichnet und für bis zu vierzig Euro verkauft. Das hat mich ein bisschen geschockt. Ich wünschte, alle Winkis blieben für immer verschwunden, von mitleidigen Kindern in Sprengel-Verpackungen zur ewigen Ruhe gebettet.

2016

Unter Marzipanverdacht

Manchmal trifft man freudige Entscheidungen, manchmal schwere – meistens ganz kleine, die sich irgendwie summieren. Und, pardauz, schon ist man nicht Krokodilpfleger, sondern Steuerberater geworden. Das war bestimmt eine kluge Entscheidung, denkt man und spricht von gelungener Lebensplanung.

Angeblich haben der westliche Industrielandbewohner und auch die Bewohnerin heutzutage so viele Lebensentwürfe zur Auswahl, dass die Qual der Wahl sie am Leben hindert. Nehmen wir also mal an, Sie könnten ab sofort etwas völlig anderes machen als bisher. Was wäre das? So mit Ihren jetzigen Fähig- und Möglichkeiten. Also nicht, wenn sie unermesslich viel geerbt oder plötzlich die Tenorstimme des Jahrhunderts hätten. Möchten Sie auch auf jeden Fall weniger tun und finden es doch recht schwierig, die Frage zu beantworten?

Zaudern Sie? Gut so. Lebensentwürfe liegen nicht zur Auswahl in der Gegend herum und wer will schon ein vorgefertigtes Leben? Überhaupt: Zögernde Entscheidungen und Zweifel an der eigenen Haltung führen nachweislich zu besseren Ergebnissen und die zu höherer Lebenszufriedenheit. Das braucht Erfahrung, keine Entwürfe. Wenn man zum Beispiel Marzipan verabscheut, bei einem gleichzeitigen Faible für Pralinen, muss man eine Pralinen-Empirie entwickeln. Schnell weiß man, dass die in Stanniolpapier verpackten als unverdächtig gelten können, alles andere steht praktisch unter Marzipanverdacht und man braucht weitere Anhaltspunkte. Das ist ein gutes Beispiel, kein lächerliches! Nun gibt es natürlich Leute, die sagen, soll man doch froh sein, dass es überhaupt Pralinen gibt, ohnehin besser, sich die Süßigkeiten abzugewöhnen. Aber das ist

Fatalismus und Feigheit. Das Leben ist keine Konfektauswahl, aber einiges steht unter Marzipanverdacht. Man sollte erst mal hineinbeißen und wenn's nicht schmeckt, etwas Neues versuchen.

Außerdem gibt es noch die Situationen im Leben, die ohnehin keinen Spielraum bieten oder zumindest keinen echten. »Was ist Dir lieber?«, heißt der Bilderbuchklassiker von John Burmingham und er stellt Würmerbrei oder Schneckenknödel, Krokodilbiss oder Nilpferdquetschung zur Wahl. Ich nähme wohl die Schneckenknödel und den Krokodilbiß. Man muss wissen, auch wenn Nilpferde gemütlich aussehen, eine Nilpferdattacke verläuft immer tödlich. Allerdings, wenn das Krokodil im Wasser lauerte, um mich wie jede andere Beute zu ertränken oder ich mir vom Biss eine schwere Sepsis zuzöge? Doch das Nilpferd? So oder so: Selbst im günstigsten Fall hülfe nur Glück und eine nahe Intensivstation.

Das zivile Leben bietet, wird es von den Göttern freundlich ignoriert, in der Regel nicht so fatale Alternativen. Vielleicht gelten deswegen die Zauderer als weniger zuverlässig. Doch das völlig zu unrecht. Die Zögernden sind die Zuverlässigen, weil sie mit Widersprüchen leben können und nicht dauernd kurzen Prozeß machen wollen. Zögern und Zweifeln zeugen von Klugheit und Umsicht. Wer anders behauptet, steht unter Klischee- und schwerem Marzipanverdacht.

2009

Das Wesentliche

»Vergessen Sie nicht zu schreiben, dass jetzt alles neu ist«, sagt der leidgeprüfte Grafiker, der unser Programm in die passende Form bringt und der – wie jeder Grafiker – ein Faible für freie Flächen hat. Natürlich hat er Recht. Einmal, dass alles neu ist, und dann auch mit den Flächen. Und wir kommen ihm immer mit Text. Viel Text. Viel zu viel Text. Wir haben an uns gearbeitet und nun durfte ich den Tag erleben, an dem der Text zu kurz war. »Der Text ist zu kurz«, sagt Herr Trauttmannsdorf. »Wie? Der Text ist zu kurz, der kann doch gar nicht kurz genug sein!« »Doch«, sagt Herr Trauttmannsdorf, »jetzt ist er zu kurz.«

Ich denke an den Mäusesheriff. Ich denke oft an den Mäusesheriff, wenn ich nicht an »Higgelti Piggelti Pop« denke oder an Mumin oder an Karlsson oder an – ja, auch an die Wilden Kerle. Die alten Wilden Kerle – die ohne Fußball. Wenn etwas kurios ist, fällt mir meist die Literatur meiner Kindertage ein. Das hat schon die Kritik eines ansonsten ganz duldsamen Professors hervorgerufen: »Sie immer mit Ihrer Kinderbuch-Sozialisation!« Ja, ich immer mit meiner Kinderbuch-Sozialisation und meinen zu kurzen Texten. Mein Geschichtslehrer schrieb für gewöhnlich unter meine Arbeiten: »Gut, aber im ganzen etwas knapp.« Meine Mutter führte das auf eine angeborene Faulheit zurück. Dabei hatte ich doch nur haufenweise gute Bücher gelesen, die mit 33 Wörtern auskommen und gelernt, mich auf das Wesentliche zu beschränken.

Das Wesentliche. Das muss man eigentlich in ganz großen Buchstaben schreiben und dann von Ferne ruhig betrachten. Was ist DAS WESENTLICHE? Darüber könnte ich ein ganzes Buch schreiben. Muss es aber nicht. Weil Eliot Weinberger das schon für mich erledigt hat. Prima. Zeit gespart. Aber das Wesentliche in der Kunst, der Literatur? Das kann man locker auf einen Punkt bringen: Weglassen. Das Wesentliche ist das Weglassen, für die Freiflächen im Kopf. Freiflächen, nicht Leerstellen. Mein Grafiker und ich, wir verstehen uns nämlich.

Aber zurück an die Arbeit! Also: Ich denke an den Mäusesheriff. Warum denke ich an den Mäusesheriff? Weil ich sonst in die Tischkante beißen müsste bei dem Gedanken, noch mal alles von vorn zu beginnen. Was sagt also der Mäusesheriff, als er die gerissenen Telegraphendrähte reparieren will: »Ich schnitt ein Stück ab und es war immer noch zu kurz.« Das sagt doch alles. Manchmal kann man etwas nicht mehr verändern. Man muss es neu machen. »Schluss«, sag ich, »wir machen es ganz neu.«

Jetzt haben wir eine schöne neue Werbung und einen neuen Namen haben wir auch. Es gibt viele Freiflächen und nur Vorteile. Außer, dass Frau Hagemann und ich jetzt bei unseren seltenen, aber umso engagierteren musikalischen Einlagen nicht mehr unter dem schönen Namen »Die Büromiezen« firmieren können. Leider heißen wir jetzt »Die Hauskatzen«.

2010

Freiheit ist ein großes Fest

»Die hat einen Hang zu haltlosen Männern«, schnaubt Ida verächtlich über ein Bier und eine abwesende Freundin hinweg. »Hang, haltlos«, murmele ich und schmecke den Klang. Laut sag ich: »Ach, aber wenn die auch in unverdächtigem Neigungswinkel an jeder Straßenecke stehn.« Ida blickt mich streng an. »Na ja«, sag ich kleinlaut, »die Haltlosen sind meist unterhaltsam.« »Quatsch«, sagt Ida, »die zahlen nur nie Unterhalt.« »Ich weiß nichts von Unterhalt«, brummle ich, »in dieser Hinsicht unterhalte ich mich selbst. Aber« – jetzt werde ich munter – »aber ich hatte mal einen Liebhaber, der war sehr unterhaltsam, der …« Weiter komme ich nicht. »Herrgott nochmal«, schnauzt Ida, »das will ich gar nicht wissen.« Ich halte den Mund. »Haltlos, Hang, Hergottnochmal«, wiederhole ich leise und sage laut: »Ich liebe meinen Liebsten mit H, denn er ist haltlos, er heißt Helfgott, isst Heu und kleidet sich in Haspelseide, nee besser: Hanf oder Heimtextilien.« »Ach, dann is' er ein Hauself?«, höhnt Ida.

Gerade noch merke ich, dass ich mich in den Sprachklängen verliere. Wenn ich Pech habe, geht das dann stundenlang so. Alles in Alliteration und mit »H«. Nervig. Zur Abhilfe kneife ich mich in die Hand. Nein! Ins Bein, ins Bein sonst gehts ja weiter mit »H«. »Freiheit ist ein großes Fest«, werfe ich ein. »Was soll das jetzt wieder?«, fragt Ida. »Das ist nicht von mir, das ist von Burns, ›The Jolly Beggars‹. Die feiern ordentlich, ziehen über Justiz und Kirche her, leben haltlos und frei von Konventionen, allerdings auch weitgehend frei vom Notwendigsten.« »Na siehste«, sagt Ida, »wenn man keine Freiheit hat, zu wählen, dann isses auch keine.« Da hat sie nun ausnahmsweise mal Recht.

»Ja«, sag ich, »ich gebe zu, dass Konventionen auch angenehm sein können, man will ja nicht mit jedem Gedäh seiner Mitmenschen betan werden.« »Nö, will man nicht«, sagt Ida, »aber deswegen wolln so viele Künstler sein, weil sie glauben, dann können sie ei'm alles zumuten.« »Können sie auch«, sag ich, »müssen nur mit der Reaktion leben. Wer zu eigenartig war, landete früher schon mal in der Heilanstalt, Christopher Smart zum Beispiel. Allerdings muss man zugeben, dass der wohl tatsächlich psychisch krank war. Doch meinten damals, in den 1770ern, seine Freunde, man solle ihn nicht einsperren. Denn von einem Hang zur Verschwendung abgesehen, betete er nur manchmal unvermittelt laut auf der Straße.«

»Nietzsche«, sagt Ida, »war ja auch verrückt.« »Nein, eben nicht«, ärgere ich mich. »Nietzsche war noch weniger verrückt als Smart. Ein Pferd zu umarmen, das geschlagen wird, ist völlig gesund. Jedenfalls schrieb Smart auch als vermeintlich Kranker sehr innovative Poesie. Benjamin Britten hat eine Kantate auf ›Rejoice in the Lamb‹ gemacht, worin alle biblischen Figuren durch Tiere symbolisiert werden. Christus ist das Lamm, natürlich.« »Und die anderen?«, grinst Ida. »Ist auch ein Pferd dabei?« Jetzt schnaube ich: »Es ist eine herzzerreißende Totenklage auf seinen Kater Jeoffrey, den durfte er in der Anstalt bei sich haben. Er sah in ihm einen wahren Diener Gottes und preist seine Schönheit und Instinkte als natürlichen Gottesdienst. Das schien wahrscheinlich den meisten verrückt. Aber heute ist Jeoffrey die berühmteste Katze in der englischen Literatur. Paulus Böhmer hat seinem Kater Schmulik im ›Kaddish‹ auch eine eigene Klage gewidmet. Er bekommt jetzt dafür einen Preis. 200 Jahre nach Smart. Die Konventionen haben vorsichtige Fortschritte gemacht. Es ist allerdings sein erster, mit 74 Jahren.« »Keine schlechte Leistung«, meint Ida, »spricht für ihn. Heute bekommt doch sonst jeder Irre, der nen Griffel halten kann, irgendeine Auszeichnung.« Ich jaule so laut ich kann wie eine kranke Katze und kontere dann matt: »Freiheit ist ein großes Fest. Was hältst Du von der Konvention des Rundeschmeißens? Du darfst Dir aussuchen, dass Du zahlst.«

2010

Mein Dämon

Zum Trost gegen die Unbilden des Lebens hat der Mensch sich Bilder gemacht von der vermeintlichen Ordnung der Dinge. Schon in der Bibel ist die ideale Stadt, das Himmlische Jerusalem, eine rechtwinklige Angelegenheit. Der Engel steigt vom Himmel und misst ein Geviert ab. Kontrollierte Ästhetik wider das babylonische Chaos. Der Garten Eden war verloren, nun kam die neue Übersichtlichkeit. Etwas bürokratisch, oder? Dennoch: In der Symmetrie wohnte leicht zu erfassende Schönheit.

Weltweit hat sich jedenfalls das Rechteck durchgesetzt, vor allem in der urbanen Raumordnung. Das hieß zunächst mehr Luft und Licht. Und beim ersten Haus von Le Corbusier hat man sich noch gefreut. Später dann nicht mehr so.

Der Engel maß immerhin noch im Menschenmaßstab, die Menschen später nach Riesenmaßstab, wie ich unlängst vom Hotelzimmer am Alexanderplatz aus eindeutig belegt fand. Vom Flugzeug aus sieht es vielleicht ganz nett aus, aber was hilft's, wenn man ganz klein darinnen steht. Doch der Alexanderplatz stellt vielleicht gar keine Ordnung, sondern vielmehr eine zersprengte Ordnung dar, also Unordnung, die in jedem Fall schlimmer ist als gewachsenes Chaos, denn sie manifestiert etwas Zerstörtes. Das einzig Tröstliche am Alexanderplatz ist übrigens Günter Lamprecht. Ein starker Trost – aber das ist eine mäandernde Assoziation meines inneren Chaos und gehört nicht hierher.

Ordnungen gibt es viele. Mindestens so viele wie Götter. Schöpfergötter und gefräßige Götter, gebärende und zerstörende. Jedenfalls viele. Vor Jahrzehnten überraschte die Forschung mit der Erkenntnis, dass Ordnung im Chaos herrscht. Dabei wussten wir das schon mal. Schon vor 2300 Jahren hat Platon Heraklits Hinweis auf den Bestand der Veränderlichkeit *Wir steigen in denselben Fluss und doch nicht in denselben, wir sind es und wir sind es nicht* – man möchte sagen – nassforsch auf den Punkt gebracht: *Alles fliesst – Panta rhei.* Ich kann kein Griechisch, aber es klingt gut und stimmt. Selbst das All atmet sich in die Unendlichkeit. Ja, wir wissen es und vergessen es nur manchmal. Philosophisch und intuitiv. Ich würde es aber nicht Ordnung im rechteckigen Sinne nennen, sondern Rhythmus oder Strömen, vielleicht Heiterkeit.

Auf die Frage »Alles in Ordnung?« antworte ich stets grundehrlich: »Womöglich ja, aber ich weiß gerade nicht, nach welcher.« Dann summe ich dazu leise dies Gedicht von Hugo Ball: *»Mein Dämon hat keine Brüder und Schwestern, / Mein Dämon ist nicht von heute und gestern. / Als Gott, der Herr, die Welten machte, / Saß mein Dämon dabei im Grase und lachte, / Schnitt sich die Zehennägel entzwei / Und sah an der ganzen Welt vorbei.«*

2012

2. Verlangen nach Büchern

Haken schlagen

Ich habe eine unangenehme Sache vor mir und ich möchte das Hasenpanier ergreifen. Das Hasenpanier stelle ich mir durchaus hübsch vor: Im Feld ein Hase in hellem Lauf und als Bekrönung eine kleine Kartusche, auf der zwei Hasen den Jäger fesseln.

Eigentlich bin ich gar nicht so. Schon in der Schule hat sich bestätigt: Weglaufen bringt nix. Die anderen sind sowieso alle schneller und haben dich sofort eingeholt. Besser tatbereite Haltung einnehmen und bluffen, denn in Kraftsport war ich genauso erfolgreich wie in Leichtathletik. Einmal habe ich mir bei den Bundesjugendspielen ausgerechnet, dass ich diesmal eine Urkunde bekommen müsste. Rechnen und Sport zählten eben beide nicht zu meinen Stärken. Gut war ich in den sogenannten Laberfächern. Gegen Ende der Schulzeit bestand meine Art Sport zu treiben darin, Bücher und Texte zu diskutieren, die ich gar nicht gelesen hatte und eine Eins abzusahnen. Hat geklappt. – Würde ich heute natürlich nie mehr machen. Ehrlich!

Wir mussten unter anderem Martin Walsers »Ein Fliehendes Pferd« lesen. Ulrich Tukur hat neulich gesagt, er habe es damals mit großem Gewinn gelesen. Ich nicht. Ich hatte es gar nicht gelesen oder nur bis Seite 12 und es dann sportlich genommen. Gerne gelesen habe ich schon immer, aber ich wusste mit den Verdrückungen von Studienrat Helmut Halm einfach nichts anzufangen. Jetzt habe ich, weil Tukur so nett ist und mir mindestens zwei Drinks ausgegeben hat, mir nicht nur den Film angeguckt, sondern auch noch mal das Buch gelesen beziehungsweise es zum ersten Mal gelesen. Es hat mir ganz gut gefallen. Einerseits, weil ich jetzt selber so alt bin wie Helmut Halm, andererseits, weil ich gemerkt habe, ich finde den Halm im Buch zwar inzwischen liebenswert und sympathisch, aber mit seinen Verdrückungen kann ich immer noch nichts anfangen. Das ist doch schön. Sicher, diese Haltung nennt man Pharisäertum. Aber das macht mir nichts: Prima, denke ich, so wie der Halm bist du nicht – und so durchgeknallt wie Klaus Buch erst recht nicht, der mit seinem Sport- und Gesundheitswahn. Da lese ich doch lieber in Ruhe ein Buch. Manche sogar zweimal.

2007

Heute hier, morgen fort

Reisen und Literatur gehören zusammen und zwar in vielfacher Hinsicht. Einmal gibt es die klassische Reiseliteratur, berühmte Reisebilder aus der Zeit, als Italien noch in der blauen Ferne lag und man den Harz oder die Mark Brandenburg zu Fuß erkundete. Reisen und Literatur gehören außerdem zusammen, weil Lesen das Reisen im Sessel ermöglicht und – nicht zuletzt – weil Autoren auf Lesereise gehen.

Schiffsfahrten, Wüstenritte, Wanderungen: Reisen haben Schriftstellern und Schriftstellerinnen stets zu tieferen Einsichten verholfen. Dazu muss man aber auch heute ein langsames Tempo wählen. Felicitas Hoppe ist einst mit dem Containerschiff nach Amerika gefahren, Raoul Schrott begleitete eine wissenschaftliche Expedition ins kartographische Nirgendwo.

Das Unterwegssein, der Gegenpol des Ankommens, erlebt eine Renaissance. Der Boom der Jacobspilger beweist es. Er zeugt auch von einer Sehnsucht nach dem Auffinden alter Wege und deren stiller Existenz. Auf einer Römerstraße oder einem Hellweg kann man sich in die Zeit zurückversetzt fühlen, als die Natur noch als beseelt und abseits des Weges auch als gefährlich zu gelten hatte. Diese alten Wege sind Schutzräume und sie sind kulturgeschichtlich und sinnlich hochinteressante Denkmale, die offen zutage liegen, zu denen jedermann Zugang hat ohne trennenden Zaun und Vitrinenglas. Das ist ziemlich aufregend. Ich habe daher wenig Verständnis für Leute, die davon sprechen, ihre Grenzen sprengen zu wollen, indem sie eigentlich nur immer stärkere Reize suchen und wenn sie sich dafür an einer Gummileine von einem Hochhaus stürzen müssen.

Schließlich hat die Entzauberung des Exotischen, das jetzt naheliegend ist, mit sich gebracht, dass selbst Dinge, die vor der Haustür liegen, entdeckt werden können. Als György Konrád bei uns zu Gast war, unterhielten wir uns auf dem Heimweg noch darüber. »Vielleicht liege ich ja falsch«, zweifelte ich, »aber was ich täglich vorfinde, reicht mir völlig.« »Mir geht es auch so«, sagte Konrad, »Ich gehe immer in meinen Garten. Das ist mir Aufregung genug.«

2007

Falls Sie verstehen, was ich meine …

Den Herren O'Nolan und O'Kiep

Hier schwöre ich öffentlich auf ein Buch Ihrer Wahl, dass ich alle Bücher beim Buchhändler kaufe. Jedoch beziehe ich zwangsläufig immer mehr Waren im Versandhandel. Oder haben Sie einen Eisenwarenladen in der Nähe, der diesen Namen verdient, und behandelt die aussterbende Spezies der Elektronikverkäufer Sie nicht wie einen Volltrottel, weil sie über siebzehn sind?

Ein aufmerksamer Ordnungshüter: Handelt es sich um ein Fahrrad?

Nun bekomme ich täglich freundliche E-Post. Und ich gestehe, dass ich mich schon an Tagen ohne Kaufaufforderung (»Jetzt günstig Haushaltsleitern kaufen, puschel27!«) von der Außenwelt abgeschnitten wähnte, als sei ich über Nacht mitsamt dem vertrauten Fensterblick in eine Parallelgalaxie katapultiert worden. Denn als Konsument ist man immer gefragt. Und solange man noch eine Geldkassette unter dem Dielenboden hat und ein paar Scheinchen krallen kann, ist es nicht vorbei.

Der aufmerksame Leser: Das kommt mir bekannt vor.

Da ich auch Flüge übers Internet buche, kann die Arbeitswoche schon mit der fröhlichen Aufforderung beginnen, unverzüglich nach Bangkok zu fliegen. Irritierend war es aber doch, im Februar täglich Sonderangebote für Nordafrikaurlaube zu bekommen. Doch die Welt des Konsums kennt keine Militäreinsätze und Jasmin-Revolutionen, sondern nur Schnäppchen, solange der Strandboy nicht im Leopard 2 (UrbOp!) seine Runden zieht. Warum auch fernbleiben, wenn man mit etwas freundlichem Herumkonsumieren die zivile Wirtschaft unterstützen kann. (»Unsere freundlichen Hostessen zeigen Ihnen gerne die nähere Umgebung.«) Und auch der Sensibelste wird sich schwerlich der Illusion hingeben, sein Nordseeurlaub trage zum Weltfrieden bei, denn es herrscht immer Krieg, und zu glauben, dass dies aufhören wird, solange die Menschheit die Erde bevölkert, ist blauäugig.

Das einfache, aber aufmerksame irische Volk: Das ist doch geklaut!

Also beiße ich bei Nachrichten und Fernsehkrimi weiter ungerührt in mein allabendliches Wurstbrot. Was ich aber gar nicht ertrage, sind diese nervenzerfetzenden Tierdokumentationen (»Bärenkinder allein im Wald«!), wo aussterbende Arten verhungern, verdursten oder abgeschossen werden. Neulich meinte eine eher human orientierte Freundin, der Tiger könne ihrethalben gerne aussterben, der fräße im Zweifelsfall auch Menschen. Nun gut, Tiere, die am Ende der Nahrungskette stehen und keine natürlichen Feinde haben, wecken nicht jedermanns Sympathie. So wie Pumas oder Makler. Man könnte unter diesem Aspekt auch überlegen, Autos zum Abschuss freizugeben. Mir leuchtet schon ein, dass die Spitze der Nahrungskette am ehesten entbehrlich ist. Mögen die Rehe also Utah kahl knabbern und die Paviane Afrika zuscheißen. Wir werden es nicht erleben, denn beruhigenderweise wird sicherlich der westliche Konsument zuerst aussterben.

Der Süden, Osten und Norden: Aber bitte subito!

2011

Kirschbaumepistel

Insektendonner und Blütensausen! Thomas Rosenlöcher schreibt Kirschbaumepistel. Radikal poetisch. Und manchmal taucht der Dichter selber im Gedicht auf, scharf beobachtet von allerlei Gehölz und dem Birnbaum, der über die Mauer droht.

»Schneebier«, »Ewigkeitsabrieb«, »Pfingstgeistgebrumm« heißen Kapitel in seinem jüngsten Gedichtband. Zartes und Groteskes, ein manchmal verschmitzter Ton, der die gewohnten Welt- und Himmelsordnungen unterwandert: Rosenlöcher traut sich was, sogar Idylle – und er geht mit den klassischen Versmaßen virtuos um.

Wieviel liegt an den alten Formen? Immer noch schön, wenn es einer kann, aber – je nachdem – bewusst lässt. Nicht so schön, wenn es einer nicht kann und deswegen lässt. Merkt man das? Ja. Und funktioniert es noch? Ja. Heines »Asghar« stirbt seit 150 Jahren überzeugend vor Kummer: »Und der Sklave sprach: Ich heiße / Mohammed. Ich bin aus Yemen / Und mein Stamm sind jene Asghar / welche sterben, wenn sie lieben.« Genau so ergreifend klingt es bei Rosenlöcher, wenn der Holzbildhauer Benedikt, bevor er in den Westen rübermacht seine Rohlinge verbrennt. Das liegt auch an den vierhebigen Trochäen, die schwer lasten, doch ins Laufen geraten und etwas Bezwingendes haben: »Überm Dach ein fetter Rauch. / Der pro Einzelschwade dreimal / suchend um die Esse rannte / und dann schräg gen Himmel zuckte. / Benedikt verbrennt die Engel.«

Aber genug der Verslehre! Thomas Rosenlöcher bekommt den neuen Hölty-Preis für Lyrik, den die Stadt Hannover zusammen mit der Sparkasse, die ihn großzügig dotiert hat, jetzt erstmals vergibt. Der Namensgeber hätte sich gefreut, behaupte ich. Hölty war auch ein Virtuose der Formen. Lange Zeit war er sehr beliebt, das bezeugen schon die vielen Vertonungen: Von Mozart bis Brahms haben sich alle seiner Poesie gewidmet. Immer noch zählt er zu den wichtigsten Lyrikern deutscher Sprache, Hölderlin war er Vorbild und noch fünfzig Jahre nach seinem Tod hat Nikolaus Lenau ihm eine wunderschöne Elegie geschrieben. »Hölty, dein Freund der Frühling ist gekommen, / klagend irrt er im Haine, dich zu finden;« beginnt sie. Diese Zeilen sind auf dem Sockel des Höltydenkmals eingraviert, das auf Hannovers Nikolaifriedhof steht. Mit dem Rücken zum Postgiroamt lehnt da ein bronzener Jüngling traurig an einer Stele. Und die ganze Atmosphäre des aufgelassenen Ortes, der von vierspurigen Straßen zerschnitten wird, lässt einen so richtig jeglichen Verlust fühlen.

Auch von Hölty kennen wir schmerzliche Töne: »Rosen auf den Weg gestreut / Und des Harms vergessen! / Eine kleine Spanne Zeit / Ward uns zugemeßen«, so fängt sein wohl heute noch populärstes Gedicht »Lebenspflichten« an. Um so ergreifender, da wir wissen, dass der Dichter nur 27 Jahre alt wurde. Und doch sind Höltys Verse barocker gestimmt als Lenaus Nachruf, schreibt er doch auch: »O wunderschön ist Gottes Erde, / und werth darauf vergnügt zu seyn; / Drum will ich, bis ich Asche werde, / Mich dieser schönen Erde freun!«

Damit will ich schließen. Oder doch lieber mit »Gartenarbeit« von Thomas Rosenlöcher? Kurz, aber wirkungsvoll: »Dem Birnbaum Mut zureden / Gras wachsen lassen, wo es wächst.«

2008

Wenn Männer zu viel lieben

Die Deutschen sterben mal wieder aus. Ich vermute, es liegt daran, dass sie nicht aufgeklärt sind. Das zeigt sich in den Medienbeiträgen. Dort heißt es immer, die Frauen zwischen dreißig und 45 hätten zu wenig Kinder. Alarmierenderweise scheint man dort nicht zu wissen, dass Männer zum Kinderkriegen einen ganz entscheidenden Beitrag leisten.

Was tun? Eigentlich stünde da doch ein Ratgeber an oder das ultimative »Nehmt-es-hin-und-es-ist-doch-auch-toll-so-Buch«. Es könnte heißen: »Warum Frauen die Pille nehmen und Männer nicht mehr einparken können«. Vielleicht schreibe ich es selber, denn das Thema Männer und Frauen verspricht einen guten Umsatz. Zeitschriften sind schließlich voll davon. Je nach Stimmungslage und Durchschittsalter der Leserin (oder des Lesers) wird entweder für die Fortsetzung von Beziehungen gegenüber einer leichtfertig vollzogenen Scheidung plädiert: »Gemeinsam alt zu werden kann so viel schöner sein als Sex«. Oder es sollen »Kosten-Nutzen-Rechnungen« aufgestellt werden: »Bringt *manchmal* Blumen mit, aber *nie* den Müll runter«. Diese Ratschläge sollte man besser nicht beachten. Es kommen darin zu viele Wörter wie »rechnen« und »investieren« vor, ohne dass es wirklich offen um Ökonomie ginge.

Hinterlässt die Ratgeber-Literatur den faden Eindruck, der Partner wäre eine Art Haustier, das sich schon noch als verträglich konditionierbar erweisen wird, geht es in *richtigen* Büchern lebensvoller zu. Darin erfährt man Nützlicheres zum Thema. Frauen und Männer dürfen lieben, in Widersprüchen leben, erfolglos sein, scheitern und einsam bleiben. Dort gibt es sogar Männer, die zu viel lieben. Allerdings sind sie oft wie besessen hinter einer unnahbaren Frau her, zum Beispiel bei Matthias Politycki in »Herr der Hörner«. Dem gegenüber gibt es wieder Frauen, die ganz real Teil eines Männerlebens sind, aber dabei unsichtbar bleiben, wie bei Kathrin Schmidt. Rolf Pohl belegt diese unheilvolle Dissonanz von Lieben und Begehren als gesellschaftliches Phänomen anhand seiner erhellenden und auch erschreckenden sozialpsychologischen Studie »Feindbild Frau«. Damit wäre Kunst mal wieder näher an der Wirklichkeit, als einem lieb ist.

Also, sollten Sie keinen Partner, kein Haus, womöglich nicht einmal ein Auto und auch kein Haustier haben und sollte Sie das bekümmern, folgen Sie ausnahmsweise doch einem Ratschlag! Machen Sie es, wie die Autorin und Literaturkritikerin Thea Dorn immer sagt: »Nehmen Sie ein gutes Buch mit ins Bett. Bücher schnarchen nicht.«

2005

Hühnerstall mit Lärchenholz

Für die, die es noch nicht wissen: Saša Stanišić schreibt seit letztem Herbst ein weblog für uns Literaturbüros. Saša ist ein gefragter Autor und, wie ich in der Statistik zur Internet-Seite nachlesen kann, ein echter Quoten-Knüller. Jede Woche lesen tausend Leute seine Kolumnen und Web-Tagebucheinträge.

Die Statistik verrät noch mehr und so konnte ich nachlesen, dass die Hits der Suchmaschinen explosionsartig in die Höhe schnellten, als Saša eine kleine Reihe zu den Hotelzimmern seiner aktuellen Lesereise unter dem Titel »Privatsphäre beim Pornogucken« veröffentlichte. Natürlich geht es in den Texten gar nicht um Pornographie, sondern um das Lesereisen im Allgemeinen, um mehr oder weniger trostlose Hotelzimmer mit kleinen an die Wand geschraubten Fernsehern und um die dazu gehörigen, mehr oder weniger verschwiemelten Hinweise auf die kostenpflichtigen »Filme für Erwachsene«. Außerdem schreibt Saša Stanišić über ein Autorentreffen in Island und den dort akzeptierten Glauben an Elfen, über ein Plüschküken und alles Mögliche andere. Das überfordert die Maschinen. Die neuesten Schlüsselbegriffe, die den Netznotizen von den Programmen der Suchmaschinen zugeordnet werden, heißen unter anderem »elfen porno«, »literarisches zentrum«, »meerrettich bedeutung geschenk«, »hühnerstall mit lärchenholz« und – inklusive Schreibfehler – »menchen und tieren porno«. Das ist doch schon fast eine Poetik für sich.

Hierzulande glaubt keiner an Elfen, sondern nur an den unersättlichen Geschlechtstrieb und zwar den des Mannes. Deswegen werden Suchmaschinen so programmiert, dass sie auf Stichworte wie Lust (z. B. Buchlust!) und Porno wie Bluthunde anschlagen.

Mit den Spam-Mails ist es das Gleiche. Ungefähr hundert mal am Tag erreicht jeden Mailnutzer die Aufforderung, dem Schwanz mehr »energy« zu gönnen. Wäre ich ein Mann, würde ich eine Anti-Diskriminierungsinitiative starten. Denn wüsste man es nicht besser, müsste man annehmen, Männer wären 24 Stunden am Tag ausschließlich an anonymem Sex interessiert. Aber so zwischendurch müssen sie doch mal an was anderes denken, zum Beispiel an die Karriere, denn gerade in Führungspositionen sind in Deutschland Männer nach wie vor fast unter sich. Allerdings gibt es ja VW, wo Führungskräfte unter sich wohl ganz gut mit der Reduktion auf ihren Sexualtrieb zurechtkommen.

Von Frauen nimmt die Werbung an, dass sie sich hauptsächlich um ihr Gewicht sorgen. Das könnte leider stimmen, sonst gäbe es mehr Porno-Angebote für Frauen im Internet und auch mehr Frauen in Führungspositionen. Weil das ja klar ist.

2008

Geheime Kräfte und Sehnsüchte

Vielleicht haben Oscar Wilde und Hans Christian Andersen durch die Erfahrung, verkehrt zu sein in der Welt, gerade dem Wesen, das wie kein zweites die Diskrepanz des zivilisierten Menschen zu seiner Naturhaftigkeit symbolisiert, einen Platz in ihrem Werk eingeräumt: der Seejungfrau.

Beide Dichter hatten wegen ihrer Homosexualität mit der konventionellen patriarchalen Vorstellung von Liebe zu kämpfen. Andersen hat sie stets verborgen und Wilde brachte seine Beziehung zu »Bosie«, Lord Alfred Douglas, zwei Jahre Einzelhaft und den gesellschaftlichen, finanziellen und menschlichen Ruin.

Vom gefährlichen, manchmal verführerischen Meerweib zur kleinen Seejungfrau war es kulturgeschichtlich ein weiter Weg. Diese Halbwesen verkörperten in vielen Teilen der Erde das gewaltigste und zugleich nachgiebigste Element, das unerbittlich aber auch lebensspendend ist. Eine spätere prominente Vertreterin ist Melusine, die unser Bild von der schönen fischschwänzigen Fee prägt. Die Meerwunder des 19. Jahrhunderts hatten ihr Selbstbewusstsein verloren. Sie sehnten sich nach der Welt der Menschen, vor allem nach einer unsterblichen Seele. So geht es auch Andersens kleiner Seejungfrau. Bei Wilde hingegen ist es der verliebte Fischer, der sich mit Hexenkunst von seiner Seele trennt, um bei dem wunderschönen Meermädchen zu leben, es aber dann leichtfertig verlässt. Sterben tun sie alle. Wilde und Andersen zeigen Liebende, deren Liebe unpassend erscheint und die daran zu Grunde gehen, dass ihre Liebe nicht erkannt und ihre wahre Natur nicht respektiert wird.

Erst Ingeborg Bachmann ließ die verstummte Meerjungfrau wieder selber sprechen, um den Verrat an der Andersartigkeit – und der Liebe – zu beschreiben. In »Undine geht« ist neben der Ambivalenz auch die Macht der Wasserfrau wieder enthalten: »Dann war ich plötzlich eine Gefahr, die ihr noch rechtzeitig erkanntet, und verwünscht war ich und bereut war alles im Handumdrehen. Bereut habt ihr auf euren Kirchenbänken, vor euren Frauen, euren Kindern, eurer Öffentlichkeit. Vor euren großen, großen Instanzen wart ihr so tapfer mich zu bereuen und all das zu befestigen, was in euch unsicher geworden war. [...] Doch vergeßt nicht, daß ihr mich gerufen habt in die Welt, daß euch geträumt hat von mir, der anderen, dem anderen, [...]«

Heute finden wir die Nixe ausschließlich im Kinderbuch, das ein freundlicheres Bild zeichnet, aber den Schauder vermissen lässt über dieses eigenartige Andere. »›Was hier im Meere gerade als schön gilt‹, sagt die Meer-Großmutter bei Andersen, ›das finden sie häßlich oben auf der Erde, sie verstehen es eben nicht besser.‹ Da seufzte die kleine Seejungfrau und sah betrübt auf ihren Fischschwanz.«

Bei Wilde heißt es, dass das Meervolk die Menschen nun meide. Die zutrauliche Wasserfee bleibt einsam und zieht sich tief verletzt zurück. Undine geht und kehrt nicht wieder.

2004

»Mein Gott! Da sieht es sauber aus!«

Unser Künstlerhaus wird 150 Jahre alt. Der König und die Königin haben es eingeweiht. Das ist überliefert. Der Bauinspector Hase hielt eine bewegende Rede. Vielleicht weil er zuvor viele Ziegel bewegt hatte. Der Vorsitzende des Comités für das Museum der Künste und Wissenschaft, Herr Oberhofmarschall von Malortie hielt eine sehr lange, in jeder Hinsicht wohlkalkulierte Rede. Denn man hatte sich fast verkalkuliert. Der Herr Stadtdirector Rasch hielt eine patriotische Rede. Vielleicht aus Ergriffenheit, vielleicht war er aber auch nur Demokrat. Trompetenfanfare, alles rief »God save the King!« – obwohl England Hannover schon abhanden gekommen war – und der König hielt eine sehr kurze Rede. Vielleicht, weil er blind war und auswendig sprach. Die Königin sagte auch etwas. Sie lobte das Licht.

Das ist auch heute noch sehr zu loben. Freilich zieht es schon ein bisschen vom hohen Glasdach her. Vor allem jetzt in der kalten Jahreszeit. Und damals war es auch Februar. Der 23. um genau zu sein, 1856, ein Sonnabend. Am Sonntag zuvor war in Paris Heinrich Heine gestorben.

Ob jemand von der Festgesellschaft davon Notiz genommen hatte, ist nicht überliefert. Heine hatte hingegen von Hannovers Stadtbild Notiz genommen, wie wir aus dem »Wintermärchen« wissen: »Mein Gott! Da sieht es sauber aus! / Der Kot liegt nicht auf den Gassen. / Viel Prachtgebäude sah ich dort, / Sehr imponierende Massen.« Dann folgt eine Breitseite gegen den König Ernst-August, den Vater des oben erwähnten Georg. Jener »hochtorysche Gentleman«, wie Heine ihn nennt, erreichte traurige Berühmtheit als Erzreaktionär. Folgerichtig reitet er in Bronze und voller Montur vorm Bahnhof Richtung Schloss, wo heute der Landtag sitzt, kommt aber zum Glück nie an. Die von ihm gefeuerten »Göttinger Sieben« dürfen auch heute links vom Landtag stehen. Auch in Bronze, auch nicht schön. So hat alles seine Ordnung.

Wie es in der Geschichte so geht, starb auch Georg V. im Pariser Exil, von wo aus er von Herzen Preußen hasste und die Feindschaft zwischen Deutschland und Frankreich nach Kräften beförderte. Heine konnte Frankreich loben und Deutschland lieben. Er war eben der größere Patriot.

Einmal habe ich auf Korfu die Villa von Elisabeth von Österreich besichtigt. Ein eher langweiliges Unterfangen. Den größten Eindruck auf mich machte, dass unsere erste Prinzessin der Herzen, genauso an Anorexie litt wie die heutige. Dann entdeckte ich im Bücherschrank eine Heine-Gesamtausgabe. Plötzlich tat mir die einsame Sisi ehrlich leid. Die Düsseldorfer haben sie auch nicht verstanden. Ein bisschen, weil sie leider im Bereich Bildende Kunst, anders als in der Literatur, einen schlechten Geschmack hatte, hauptsächlich aber, weil man antisemitischer war als die Kaiserin von Österreich. Der von ihr seiner Geburtsstadt gestiftete Heine-Brunnen steht nun in der New Yorker Bronx.

Goethe kann man verehren, Schiller muss man achten – Heine kann man lieben und daher wurde er auch viel beneidet und gehasst. Ingrid Noll gestand einmal, sie sei als junges Mädchen sogar in Heine verliebt gewesen. Das ist schon ein Phänomen. Zeigt natürlich auch, dass geistreiche, witzige Männer Frauen leicht in sich verliebt machen können. Selbst, wenn sie tot sind.

2006

Die dritte Tochter der Buchhalterin

Sicher, es ist immer noch nicht angezeigt, über allerlei Unsinn nachzudenken und Zeit mit frivolen Nichtigkeiten zu verplempern. Oder vielleicht ja doch. Und gerade jetzt, wo die allgemeine Weltlage so unfroh stimmt.

Mich beschäftigen zum Beispiel immer wieder hochfliegende Geschäftsideen: Nicht nur, dass ich Freunden seit Jahren in den Ohren liege, einen Schokoladenladen eröffnen zu wollen, und wissen will, ob er besser *Honigtopf* oder *Der verzuckerte Nasenflügel* heißen solle, und dass ich über die märchenhaft schöne Einrichtung fantasiere. Nein, ich belauere auch schräg gegenüber ein Modegeschäft, dem ich ein Dreivierteljahr bis zur Pleite gegeben hatte. Dieses Ladenlokal würde ich gerne mieten. Ich müsste nur über die Straße, knusper, knusper, knäuschen … Das wär's. Doch diese vollgestopfte Boutique hält sich hartnäckig, obwohl dort nie eine Kundin ein- oder ausgeht. Die Inhaberin raucht von morgens bis abends mit ihrem Galan vor der Tür. Das ist alles. Jetzt schon zwei Jahre. Die einzig mögliche Erklärung: Sie wird von der Russenmafia finanziert. Das wird also so bald nix.

Eine ganz andere Idee habe ich mal mit dem netten Autor Ermanno Cavazzoni vor vielen Jahren erörtert. Nämlich, dass ich gerne ein Tierbestattungsinstitut aufmachen würde. Ich war noch recht neu im Job und hatte wohl das Gefühl, ich hätte noch Kapazitäten, und er fand das gut. An den Betrieb eines Haustierkrematoriums hatte ich einige Jahre ernsthaft gedacht, weil ich fand, dass es in dieser Stadt fehlt und die Kulturarbeit erstens nicht viel einbringt und zweitens immerzu gerechtfertigt werden muss. Einer aber, der die vierbeinigen Lieblinge anständig unter die Erde bringt, wird nicht angezweifelt. Es war ein interessanter Austausch, obwohl ich gar kein Italienisch kann (nur rudimentäres Latein) und Cavazzoni kein Deutsch. Ein schöner Abend! Als ich aber das gleiche meinem Tierarzt vortrug und der mir Baukosten und Hygieneauflagen (»Sie müssen da ein Pferd im Ganzen kühlen können.«) vor Augen führte, schaute ich etwas bedröppelt drein. Er tröstete mich mit der Bemerkung, dass mir durch meinen Mangel an Kapital und Ahnung immerhin die eigenartige Klientel erspart bliebe. »Wieso«, sagte ich, »die ist doch tot.« Da schaute er mich über die Brille weg durchdringend an und sagte: »Ja, aber die Besitzer doch nicht.« Das hat mich schlagartig geerdet.

Mit einem Freund hingegen hatte ich noch vor Kurzem überlegt, dass wir an Autoren mit Schreibblockade erste Sätze verticken könnten. Na ja – es war wohl Alkohol im Spiel. Doch wenigstens kenne ich mich da aus. Noch leichter ist übrigens das Buchtitelerfinden. Kleiner Tipp: Am anspruchsvollsten klingen einsilbige. Bei Eigennamen auf dem Cover muss einfach nur der Rhythmus stimmen, selbst wenn das Buch dann *Stromer Hansen* heißen sollte. Schließlich hat sich auch ein so blöder Titel wie *Homo Faber* verkauft. Gut macht sich Flora und Fauna, ruhig auch mehrsilbig: *Wölfe.*, *Hasen.*, *Ginster.* Irgendein Tier oder Pflanze. Völlig egal: wichtig ist hier in Wahrheit der coole [PUNKT]! Verben sind auch nicht schlecht: *Abräumen.*, *Kleben.*, *Suchen.* Klappt prima. Bei Lyrikbänden einfach alles kleinschreiben und auch mit Punkt: *ulmen.*, *kaninchen.*, *finden.*, usw. Oder *antillen.* Geographisches auch immer gut. Vor allem Inseln, aber auch rustikal-krachledern: *Katzelbach*, *Grundleben*, *Alpen.*

Doch am schnellsten sind Titel für Historische Romane gebaut: Strickmuster: Pronomen/Zahl/Familienzugehörigkeit/Bauwerk und/oder Beruf: *Die Tochter der drei Türme*, *Der siebte Sohn des Schmieds*, *Das zwölfte Tor der Händler*, *Die achte Frau des Khan* etc. Geht wie das Brezelbacken, und klingt nach echtem Lesefutter. Einzige Gefahr: Titel wurde schon – womöglich mehrfach – verwendet. Wenn also jemand, sagen wir … seine Biographie! … nirgends unterkriegt, trotz grundehrlicher Titel wie *Kies und Frieden* oder *Im Wesentlichen nichts Neues*, könnte er sie versuchsweise als historischen Roman verpacken. *Der zweite Sohn des Finanzbeamten* oder *Das erste Kind der Friseuse* klingt doch verheißungsvoller als alles andere. Und der erste Satz? »Die Hand der Mutter krampfte sich um die der Hebamme …«

2016

Alte Hasen, junge Dachse

Manchmal kann ich es nicht mehr hören: Was wir denn für junges Publikum böten, werde ich gefragt. Als ob junge Leute automatisch an allem desinteressiert sein müssten, was nicht irgendwie speziell für sie aufbereitet wäre. Jean Paul Belmondo durfte als Michel in Godards »Außer Atem« auf die Frage: »Sie haben doch nichts gegen die Jugend?« einfach antworten: »Mir sind alte Leute lieber.«

Also, mir sind alte Leute nicht prinzipiell lieber, aber ich schätze sie genauso als Publikum wie junge oder solche, die nicht mehr jung und noch nicht alt sind. Ich habe auch noch nicht feststellen können, dass es so etwas wie »junge Literatur« gibt. Frisch gedruckte Bücher sind wohl kaum gemeint, vielmehr wird unterstellt, dass die Jugend (wer immer das ist) eine irgendwie von allem anderen abweichende, aber einheitliche Schreibweise oder Sprache hätte. Dies können wir schon durch die zahlreichen Debuts widerlegen, die wir im Laufe der Zeit präsentieren konnten.

Der überragende Poet, Literaturdozent und Hölderlin-Übersetzer David Constantine hat uns gerade daran erinnert, dass Literatur, zumal die Lyrik, ohnehin eine eigene Sprache ist, die, wenn sie anrühren soll, auch ein bisschen fremd bleiben muss. Auch gehöre zum Schreiben mehr als eine vermeintlich eigene Stimme – gerade für Dichter. Es sei wichtig, wenn man gute Gedichte schreiben wolle, dass man die schon vorhandene Lyrik kenne, denn man müsse in Rhythmus, also Metrik und Klang geübt sein. Er lächelt nachsichtig, wenn er sagt: »Es ist natürlich ein zutiefst romantischer Gedanke, wenn man meint, daß alles, was man ohne Überarbeitung zu Papier bringt, Kunst sei.« Es ist wirklich sehr höflich von Constantine, schlechte Texte mit dem Abglanz der Romantik auszustatten. Er weiß nur zu genau, dass die Romantiker einen Gegenentwurf zur akademisch kontrollierten Kunstausübung suchten, genau wie Joseph Beuys mit »Jeder ist ein Künstler« wohl kaum gemeint hat, dass jede Äußerung Kunst sei. Denn wenn alles Kunst wäre, wäre auch nichts Kunst. Was machten wir dann?

»Jetzt nur nicht verkrampfen«, würde ein Kollege raten, der immer gerne »Wohnen« als Hobby angibt. Wir lesen einfach weiter, was uns gefällt, und strengen uns auch beim Zuhören ruhig ein bisschen an. Ja, manchmal ist es richtig schön anstrengend bei uns! Neulich musste ich von einem Schüler lesen, der über häppchenweise verabreichte Literatur sagte: »Ich musste mich nicht anstrengen, alles zu verstehen, und hatte Spaß dabei.« – Ich glaube, mir sind alte Leute doch lieber.

2005

Wie wir wurden, was wir sind

»Die Literatur muss krank sein«, schrieb die Lokalpresse, als der noch junge Verein »Literaturbüro Hannover« mit Bödecker-Kreis, Lesebus und Literaturrat über zwei Arztpraxen und einer Apotheke sein erstes Büro in der Krausenstraße bezog. Dass man im Erdgeschoss auch alles fürs liebe Tier erhielt, ließ der Verfasser beiseite.

Dabei hätte »Die Literatur muss krank sein und geht aufs Katzenklo« uns irgendwie noch fehlgeleiteter wirken lassen. Aber zum Glück erahnte ja niemand die Existenz einer manifesten Neurose unter der Dachschräge: das Zirbelstübchen, unter uns auch »das kranke Zimmer« geheißen. Ein spärlich möblierter Raum für Gastautoren, keinerlei sanitäre Einrichtung, nicht mal ein Katzenklo. Nur wie zum Hohn eine Kaffeemaschine auf der Fensterbank. Dieses Zimmer hätte man uns leicht als offenen Hass gegen Schriftsteller auslegen können. Aber interessant: Wahrscheinlich weil er fand, das Leben von Autoren sei ohnehin oft demütigend genug, hatte ein inzwischen verschollener Kollege beim Aufbau der Möbel mehrere Holzbeine übrig gelassen, die düster in der Ecke lehnten, obwohl sie eindeutig an Stuhl und Bett fehlten. Wir ließen unsere Gäste also in schönen Hotels wohnen und überließen das Autorenzimmer den Staubmilben und Wollmäusen. Jahrelang praktizierten wir kollektive Zirbelstübchen-Verdrängung. Erst beim Auszug trat das invalide Mobiliar wieder zu Tage.

Das war schon ein wenig irre. Doch zwei Stockwerke unterm Stübchen wurde ganz normal gearbeitet und zwar so, dass die HAZ bald wieder kommentierte: »Das Literaturbüro, eine überflüssige Einrichtung.« Aber, lesen und lesen lassen: Auch schon damals gingen wir mit nur einem Messer im Rücken noch lange nicht nach Hause. Wir hielten durch und – hoppla hopp – bezeichnete man uns nur fünf Jahre später in einem Bericht über die hannoverschen Literaturvereine als »Die Etablierten«. Dabei ist es geblieben. Wir merken das daran, dass sehr viele glauben, wir gehörten zur öffentlichen Kulturverwaltung. Manchmal glaubt das die Verwaltung sogar selbst.

Aus der Krausenstraße sind wir also rückstandslos raus, das letzte Zirbel-Stuhlbein diente zum Umrühren der Binderfarbe, als wir unsere neuen Büros strichen. Und nun sind wir schon zehn Jahre im Künstlerhaus, vor dem Stephan Hubers »Großes Leuchten« funkelt, das ironisch von bürgerlicher Kunstentfaltung kündet.

In dem alten Haus mit dem prächtigen Kronleuchter sind die Autoren gerne zu Gast: »You're the one with that fuckin' chandelier!«, begrüßte mich DBC Pierre freudestrahlend auf der Buchmesse und hieb mir ein paar Mal auf die Schulter, dass es krachte. Derlei Zuneigungsbekundungen nehmen wir von Autoren aber stets gerne entgegen. Denn wir haben sie wirklich gern. Anders hätten wir uns auch gar nicht so gut etablieren können.

2011

Verlangen nach Büchern

Lichtenbergs Diagnose, dass bei manchen Menschen das Verse-Machen eine Entwicklungskrankheit des menschlichen Geistes sei, gilt unbestritten. Nicht zuletzt deswegen ist Lyrik die einzige literarische Gattung, die mehr Autoren als Leser hat. Und zwar deutlich mehr junge Autoren als ebensolche Leser. Dem wäre eigentlich nichts hinzuzufügen. Das tut keinem weh und verwächst sich (s. o.!).

Nein, dem wäre nichts hinzuzufügen und es täte keinem weh, würden die Prosaisten nicht zügig aufholen. Hier sind im Gegensatz zur Lyrik adulte Schreiber am Werk, ja, man könnte mit Lichtenberg sagen, dass das Verfassen von Romanen bei manchen Menschen eine Entwicklungskrankheit ihres Egos, manchmal auch ihres Alter Egos, ist. Und da verwächst sich nichts mehr.

Nun meine ich nicht Walser oder Grass, die beide nurmehr wenige Varianten auf ein Thema durchspielen, wenn auch auf gut zu unterscheidende Themen: Sex im Alter mit jungen Frauen und Weltsicht im Alter mit Schnauzbart.

Nein, es geht um diejenigen, die ihre selbstverfassten Texte auch gleich selbst herausgeben und zum Verkauf bereitstellen. Deren Zahl wächst durch die Möglichkeit, im Internet fast kostenlos zu publizieren, und durch einige weit verbreitete gemeingefährliche Behauptungen: Erstens, dass lange Texte immer Romane sind. Zweitens, dass es für die Fähigkeiten des Verfassers spricht, kaum am Text zu arbeiten. Drittens, dass man keine Literatur gelesen haben muss, um gut schreiben zu können. Viertens, dass Familie und Freunde, aber vor allem abhängige Mitarbeiter geborene Kritiker sind. Fünftens, dass jede andere Kritik Häme ist und jeder Lektor den Plot nur klauen will, um damit reich zu werden. Und schließlich, sechstens, dass die Ablehnung eines Manuskriptes auf eine Weltverschwörung hindeutet.

Der explosionsartige Anstieg von »books on demand« störte gar nicht weiter, wenn die Mehrzahl der Self-Demander nicht auch Self-Promoter wären. Sie fluten Mail- und Postfächer, rufen an und kommen auch schon mal persönlich vorbei. Sie werden immer mehr und immer lauter. Böse Behauptung Nummer sieben sagt nämlich: Es gibt ein Recht auf öffentliche Wahrnehmung. Ursache dafür ist übrigens weder Jugend- noch Altersschwäche, sondern eine Rechenschwäche. Also hier etwas Nachhilfe: Wenn sieben Milliarden Menschen auf der Welt ein Recht auf öffentliche Wahrnehmung haben und je ein Buch schreiben, ergibt das 6.999.999.999 mal Pflichtlektüre. (Natürlich nur für die, die so bescheiden wären, ihr eigenes Buch beiseite zu lassen.) Na dann, viel Spaß beim Lesen …

Halten wir uns also lieber an die Verlage, wo sich viele verständige Menschen viel Arbeit damit machen, einem Buch auf die Beine und auf den Markt zu helfen, und halten wir uns an alle Buchhandlungen, in denen freundliche Menschen sind, die genau wissen, was sie da verkaufen. Und nicht traurig sein, wenn nicht alle Schriftsteller werden können. Es muss ja auch noch ein paar Leser geben.

2013

3. Das sprechende Tier

Seltsame Gefährten

Mein Bruder sagt immer, es gäbe nur zwei überflüssige Spezies: Zecken und Makler. Alles andere existiere aus Notwendigkeit. Nun gut. Das lassen wir mal so stehen.

Aber was ist mit Mittelmaus? Mittelmaus hat Feridun Zaimoglu mir neulich anvertraut. Das ist jetzt natürlich gelogen. In Wahrheit hat er sich beim »Kinder zum Olymp«-Kongress der Länderkulturstiftung versprochen und zwar vor ungefähr 700 Menschen. »Da herrschte Mittelmaus«, hat er gesagt. Und weil alle lachten und Mittelmaus nun einmal da war, hat er es dabei belassen: »Ja, da herrschte also irgendwie Mittelmaus«, fuhr er fort.

Ich habe Felicitas davon geschrieben und sie schrieb zurück, sie stelle sich vor, wie Micky Maus und Mittelmaus auf dem Balkon säßen, und da möchte man doch am liebsten gleich eine Geschichte schreiben. Dieses Bild stand mir sofort vor Augen und einen Balkon habe ich auch. Seitdem hat Mittelmaus mich nicht mehr verlassen. Und das ist jetzt nicht gelogen.

Nun sitzt Mittelmaus immer auf dem Balkon, wenn ich auch dort sitze und vermutlich auch, wenn ich nicht da sitze. Wie im Lied mit dem Bucklicht Männlein. Ich kann ja von Glück reden, dass wenigstens nicht Micky Maus aufgetaucht ist, der alte Spießer! Herr Maus späht vermutlich andernorts hinter der Küchengardine nach Falschparkern, während ihm Muttelmaus (ehem. Minnimaus) Nutellabrote schmiert.

Oft in den stillen Nächten – »'ere slumber's chain has bound me«, wie der Dichter sagt – gerade jetzt, wo es noch schön warm ist, sitze ich da draußen, grübele und puste Seifenblasen in die Dämmerung. Mittelmaus schaut mich von der Seite an und guckt irgendwie protestantisch. In diesen Momenten denke ich schlecht von Mittelmaus. Im Alltag ist sie ganz o. k., aber wenn sie herrisch wird, muss man ihr eins aufs Dach geben. Wie würde Mittelmaus wohl schauen, wenn ich rauchte? Wahrscheinlich irgendwie evangelisch.

Nun kommt es aber: Neulich war eine der Seifenblasen perfekt geraten. Sie schwebte majestätisch davon und kam in einer vollkommenen Kurve zurück, blieb in der Luft genau auf Augenhöhe stehen und spiegelte mich, den Balkon, das Haus und darum die ganze Welt. Und dann zerplatze die Kugel, und ich sagte laut und unwillkürlich: »Eichhörnchenkrieger«.

Ich kann nichts dafür, ich habe keinen Fantasy-Schund gelesen oder Narnia-Verfilmungen angeschaut. Sie ahnen, wer seitdem mit Mittelmaus klein, aber herrisch auf dem Balkontisch sitzt. Aber mein Bruder sagt ja, es gäbe nur zwei überflüssige Spezies.

2013

An evening of long goodbyes

Stellen Sie sich ein Landhaus vor: prasselnder Kamin, ein guter Tropfen, Tabakduft, Musik und natürlich jede Menge Bücher. Was liegt Ihnen zu Füßen? Ja, ja: Perserteppiche, klar, oder falls Sie ein Waidmann (oder eine Waidmännin) sind, ein Bärenfell. Und wer liegt da noch, na? Wer hat Ihnen denn geholfen, den blöden Bären zu schießen? Ein Hund. Ein richtig prima Hund, der beste Freund des Menschen. Warum ist der Hund der beste Freund des Menschen? Weil Menschen so schlechte Freunde sind. Trinken den Schnaps weg und so weiter. Ganz schlimm war der Freund in Chandlers »The long Goodbye«. Er war eigentlich tot, dann doch nicht und dann entpuppte er sich als absolutes … na gut, sagen wir als Windhund. Der Windhund ist also nicht der beste Freund des Menschen. Bei »An evening of long goodbyes« von Paul Murray handelt es sich auch um einen Windhund. Dementsprechend wird auch nichts aus *La dolce vita*.

Mein bester Freund war eine Katze. So war es auch bei Chandler. Überhaupt ist der beste Freund des Schriftstellers immer eine Katze. Schade, daß Chandlers »Abschied« nicht mit Robert Mitchum verfilmt wurde. Das hätte ich gerne gesehen. Mitchum war nicht gerade vom Glück verfolgt. Er sagte einmal, dass es nichts bedeute, ein Star zu sein. Einer der beliebtesten Stars Hollywoods sei schließlich Rintintin gewesen – »und das war ein verdammter Hund«.

2005

Tiere in der Stadt

»Eines Tages werden wir alle die gleiche Nasen haben und extra lange Beine«, seufzt Ida. »Nur die plastischen Chirurgen nicht«, sage ich, »die werden goldene Nasen haben. Und die Männer alle das gleiche Kinn und extra lange …« »Nein«, unterbricht Ida mich streng, »extra flache Bäuche.« Ida seufzt wieder, denn bei der Wahl zwischen Waschbrettbauch und Waschbärbauch neigt sie eindeutig zu letzterem.

»Merkwürdig ist«, räsoniert sie weiter, »dass alle Welt behauptet, wir litten unter den Herausforderungen der Individualisierung. Die Anpassung nimmt doch zu. Jeder denkende Mensch, den ich kenne …« (Hier verkneife ich mir heldenhaft eine boshafte Bemerkung.) »… stöhnt über den Anpassungsdruck.« »Wahrscheinlich bist du eben die Einzige, die mehrere denkende Menschen kennt«, sage ich, denn auch ich kann aus meiner Haut nicht raus, und hebe an: »Die Freiheit hat man satt am End …« »Nicht schon wieder ein Heine-Zitat!«, nörgelt Ida, die düster in ihr Bier schaut.

»Ach«, sage ich, um sie aufzumuntern, »wir müssen einfach mehr mogeln. Kein Mensch kann wissen, was wahr ist und was nicht. Eigentlich gibt es nur wenige überprüfbare Fakten im Menschenleben, und wer kennt die schon außer der Sicherheitspolizei und die teilt uns ja nichts mit. Für wie verrückt würdest du mich zum Beispiel halten, wenn ich behauptete, einen Löwen als Haustier zu halten?« »Na, jedenfalls nicht für so verrückt, wie wenn du dir wirklich einen Löwen zuhause halten würdest«, schnaubt Ida. »Nein, mal im Ernst«, frage ich, »wie weit müsste ich gehen, dass es glaubhaft wäre?« »Katzenklo und Rinderhälften«, sagt Ida. »Ein Zimmer mit Katzenstreu und ein Amazon-Tierfutterabo mit Rinderhälften.« »O. k.«, sage ich, »und was mach' ich in Wirklichkeit mit den Rinderhälften?« »Na, die entsorgst du. Entweder ja via Löwe oder via Müllabfuhr.« »Das wird zu teuer«, sage ich, »mogeln muss billiger sein.«

»Hast du eigentlich endlich deine Wohnung aufgeräumt?«, will Ida wissen. »Das«, sage ich, »ist ein weites Feld, oder, ich darf ja nicht zitieren, eben eine never ending story, aber ich habe dreizehn Stunden lang Bücher sortiert und bin fast irre geworden. In blindem Selbsterhaltungstrieb habe ich, quasi autopilotisch, zwei riesige Ikea-Tüten aussortiert und werde sicherheitshalber gar nicht mehr reingucken. Und ich habe alle Abos gekündigt.« »Ja«, sagt Ida wieder düster, »der Fluch des Abos ist die stetige und sinnlose Vermehrung.« »Aber«, sage ich, »ich vermisse auch zwei: *Die Brücke über die Drina* und *Wir pfeifen auf den Gurkenkönig*.« »Merkwürdige Mischung.« Ida schüttelt den Kopf: »Das muss am Tiger liegen.« »Ja«, nicke ich, »Book-Eating-Tiger. Gefährliches Raubtier, aber auch ein Segen.« »Eben«, sagt Ida zufrieden, »Du könntest ja vor Büchern nicht treten, wenn du den nicht hättest. Ich nehm' noch ein Bier.«

2014

Das sprechende Tier

Ethnologen nehmen an, dass wir erst vor 100.000 Jahren eine differenzierte Sprache entwickelt haben, während der Homo sapiens, also der moderne Mensch, schon ungefähr eine halbe Million Jahre existiert. Sprache ist, was uns von anderen Säugetieren unterscheidet. Warum diese Entwicklung stattfand, liegt im Dunkeln. An der Größe oder Beschaffenheit unseres Gehirns liegt es nicht. Elefanten und Wale haben weitaus größere Gehirne, und manche Tiere haben auch mehr Hirnwindungen als wir.

Gehirnforschung und Genetik haben zudem bewiesen, dass die Evolution nicht abgeschlossen ist und dass Geist und Körper kein Gegensatzpaar bilden – auch wenn dies eine der grundlegenden Dichotomien ist, auf der das Weltbild des christlichen Abendlandes beruht. Was wäre also, wenn ein anderes Tier befähigt würde zu sprechen?

Zunächst hat das eine sehr verlockende, fast paradiesische Anmutung. Wer hätte es nicht gerne, wenn ein Mitgeschöpf ab und zu eine kluge Anmerkung machte? Ganz andere Welten würden sich für uns auftun, und vielleicht würden wir dazulernen. Wir müssten aber wahrscheinlich Vegetarier werden. Wer möchte schon ein Schwein schlachten, dass nicht nur quiekt, sondern mit dem Schlachter spricht?

In vielen Ländern gibt es die Sage, dass alle Tiere zum Lohn für ihr gottgefälliges Leben in der Weihnachtsnacht sprechen können. Dann lüften sie Geheimnisse oder haben sogar eine prophetische Gabe. Die Vorstellung, dass Tiere Dinge wissen und Geisteszustände erreichen, die uns verschlossen sind, ist auch in anderen Kulturen verbreitet. So soll Mohammed seine Katze so geschätzt haben, dass er, weil sie sich zum Meditieren auf seinem abgelegten Mantel niedergelassen hatte, den Ärmel abschnitt, um sie nicht zu stören.

Sind Elefanten also die besseren Menschen? Halt! Wieso sollte ein sprechendes Tiere besser sein als ein anderes? Es gibt keinen Grund, das anzunehmen. Es würde sich hauptsächlich um sich selbst kümmern und seine Anmerkungen dürften nicht sehr philosophisch ausfallen. Essen, Schlafen, Fortpflanzung – das wäre im Wesentlichen alles.

Und was wäre, wenn nicht nur alle Säugetiere sprächen? Auch Vögel, Fische und Insekten machen den lieben Tag lang Geräusche. Was sagen die Zikaden? Was tschilpen die Meisen? Ich möchte es gar nicht wissen! Ihr melodisches Zwitschern würde als Gebrabbel nerven. Vielmehr täte es gut, es würde etwas stiller und wir Menschen würden unser Übermaß an Kommunikation einschränken und auch sonst weniger Krach machen.

Trotzdem, wenn meine Katzen sprechen könnten, wäre das doch schön. Sie könnten zum Beispiel, wenn sie sich überfressen hätten, sagen: »Mir ist schlecht.« Und ich hätte einen Fleck auf dem Teppich weniger.

2008

Zahlende Besucher

Der Zirkus ist wieder in Mode gekommen. So sehr, dass wir einen Themenabend dazu machen. Und zwar auf Wunsch eines einzelnen Herrn, der hier im Haus den schönsten Namen und das angenehmste Parfum trägt.

Ich neige nämlich nicht so zum Zirkus. Irgendwie roch Zirkus nach Kinderarbeit, verschwitzten Kostümen und Staub, war grell und zu laut, genau wie die Badeanstalt und die Grundschule. Und Clowns fand ich nie toll. Schon als Kind bedrückten mich ihre Darbietungen und ich verstand überhaupt nicht, was daran lustig sein sollte. Mit ging es wie Max Goldt, der sehr treffend beschreibt, wie unverständlich es ihm war, dass die Erwachsenen reihenweise in Rührung und tosenden Applaus verfielen, wenn in den 70er-Jahren Charlie Rivel im Fernsehen auftrat, um eine gefühlte Stunde lang »Akrobat: schööön!« zu sagen. Als das Elend endlich ein Ende hatte, trat dann Heinz Rühmann als Charlie Rivel verkleidet auf und sagte so lange »Akrobat: schööön!«, bis die Show vorbei war und jeder, allen voran Rühmann, vor Selbstmitleid heulte.

Das einzig Sehenswerte im Zirkus war die Raubtiernummer, die allerdings zu meiner Kinderzeit weit entfernt war von den spielerischen Darbietungen, die es heute gibt, sondern hauptsächlich aus Peitschengeknalle und Tatzenheben bestand. Und also nur mit schlechtem Gewissen betrachtet werden konnte. Aber immerhin: Es trat mein Lieblingstier auf und wann kommt man dem schon mal nahe. Außer im Zoo Hannover. Da kann man ein Rendezvous mit dem Lieblingstier buchen. Meine zweitliebsten Zootiere, die Kattas, sind aber auf Jahre ausgebucht und zu meinem erstliebsten Tier, dem Tiger, darf man nicht ins Gehege, denn der Zoo braucht zahlende Besucher – obwohl: So eine Tigermahlzeit ist sicher auch nicht billig und kostet bestimmt den Gegenwert einiger Jahreskarten, so dass sich das einmalige Rendezvous mit dem Tiger vielleicht doch lohnen würde (für den Zoo).

Aber im Grunde ist mir von allen Tieren der Mann das liebste und so ein Rendezvous ist in der Regel nicht lebensgefährlich, wenn es auch mal ins Geld gehen kann. Ja, auch ich gebe zu, dass ich wie der Dichter Czesław Miłosz, der sich einmal als »rather moderate feminist« bezeichnete, eine eher moderate Maskulinistin bin und zur Objektbildung neige. (Ohne die geht's ja auch nicht.) Der Liebeszirkus hat den Vorteil, nicht so viel Krach zu machen, gut zu riechen und überwiegend schöne Momente zu bieten, wenn man es richtig anstellt und nicht das Pech hat, an eine menschliche Vampirfledermaus zu geraten. Warnen muss man vielleicht vor der Symbiose, die andererseits wiederum wirtschaftlich oft die effektivste, also stabilste, Verbindung darstellt. Alles hat Vor- und Nachteile.

Eigentlich wundert's mich, dass die Kulturelle Bildung, die ja derzeit höher geschätzt wird, als die Kunst selbst, noch keine öffentlich geförderten Flirtkurse anbietet. Das würde doch erheblich zur Verfeinerung der Sitten und allgemeinen Kunsterziehung beitragen, was wirklich wünschenswert wäre.

2014

April, April!

»Es ist eine allgemein anerkannte Wahrheit, daß ein Schriftsteller, der beachtliches Talent besitzt, zu seinem Erfolg nur noch einer Katze bedarf.« So beginnt ein berühmter Roman von Jane Austen. Ich erinnere mich nicht, ob Jane Austen eine Hauskatze hatte, aber ich kenne einen amerikanischen Roman, in dem die Hauskatze Jane Austen heißt. Während der Name von Hogwarts' Hausmeisterkatze Mrs Norris, nach einer Figur aus einem Jane-Austen-Roman benannt ist.

»Ich schreibe über Katzen und Literatur«, verkünde ich. »Nee, kannste nicht machen«, heißt es, »is n Klischee«. »Wieso«, merke ich verknatscht an, »ist das ein Klischee? Das ist ein ernstzunehmendes wissenschaftliches Thema!«

Aber gut, es ist April und mit April verbinden wir Scherz und Schalk. Bei Schalk denkt man zuerst an einen dicken Mann, der illegale Geschäfte mit Gemälden macht und dann an Till Eulenspiegel. Beides finde ich nicht inspirierend und nur halb so literarisch wie beispielsweise … Schmidts Katze! Schmidts hatten nämlich wirklich eine Katze. In Bargfeld kann man in der Küche die historische Brekkies-Packung besichtigen. Aber bitte. Ich darf nicht über Katzen und ihre Autoren schreiben.

Eulenspiegel trieb derben Schabernack, sozusagen Mittelalter-Jackass. Das Ganze ist so witzig wie ein grippaler Infekt und irgendwie quälend zu lesen. Die gewaltfreieste Geschichte ist die mit den Eulen und Meerkatzen, die literarischste die vom Esel, dem er das Lesen beibringt. Mich wundert, dass Eulenspiegel lesen konnte. Vielleicht war er Autodidakt wie Kater Murr. Das wäre möglich, denn auch meine alte Katze konnte schon lesen, als sie zu mir kam. Meistens las sie mit, was ich mir gerade vornahm. Wollte ich umblättern, legte sie zuweilen eine Pfote auf die Seite, wenn sie noch nicht fertig war. Meine jetzigen Miezen haben ihre frühe Kindheit ohne mein Zutun in einem Waschmaschinenkarton neben einem ständig plärrenden Fernseher verbracht. Heute sitzen sie bis zu 45 Minuten ohne Unterbrechung direkt vor dem Bildschirm, wenn es etwas gibt, das sie interessiert. Dann holen sie sich ein Bier. – Haben Sie's gemerkt? Das war jetzt der verlangte Aprilscherz: Sie holen sich natürlich was zu Knabbern.

Scherz, Satire, Ironie – was fällt mir noch ein zum Thema des Monats? Mein Urgroßvater. Durch ein wenig intellektuell geprägtes Umfeld lernte mein Urgroßvater kaum Lesen und überhaupt nicht Schreiben. Er war als Geschichtenerfinder berüchtigt. Einmal überzeugte er einen Hilfsschulzen davon, dass sein mickrigstes Kaninchen, das verkrümmte Vorderpfoten hatte, eine Spezialzüchtung sei und Ziehharmonika spielen könne. Und einen Bäcker mitsamt Gesellen veranlasste er zum Zerschlagen aller Starenkästen, indem er so tat, als hätte er einen Marder in deren Garten gesehen. Es sind mehr solcher Eulenspiegeleien von meinem Urgroßvater überliefert. Übrigens hatte er einen Hund, der Molly hieß und bei der Entbindung meiner Großmutter behilflich war. Bücher interessierten Molly wohl nicht aber er soll ganz gut Flöte gespielt haben. Zum Familienunterhalt trug mein Urgroßvater mit Lohnfuhren bei. Ein Pferd, ein Wagen, im Winter ein Schlitten. Er ist von einem Lastwagen zerquetscht worden. Das war traurig, aber manche würden es Ironie des Schicksals nennen.

2008

4. Urbi et Orbi

Lärmender Trupp am Hochsommerabend

Katalog meiner Sentimentalitäten I

Früher war mein Lieblingsbuch das Lexikon der Antiken Mythologie. Jeder Impuls, Staub zu wischen, endete dort. Immer, wenn ich daran vorbei wischte, fiel mir ein Gott ein, den ich nachschlagen könnte, und dank der äußerst klug angebrachten Querverweise – eine sehr gute Ausgabe der Büchergilde, aus dem Englischen übersetzt – kam ich unter einer Stunde Lektüre nicht davon. Nun habe ich mir im Ramsch, wo er absolut nicht hingehört, einen Kosmos Vogelführer gekauft. Darin blättere ich morgens beim Kaffee. (Was in der Zeitung steht, kann ich mir erst am Abend zumuten.)

Erst spät, könnte ich mit Jacques Prévert sagen, lernte ich die Vögel lieben, denn ich habe zunächst mehrere Jahre mit der Lektüre der Rosen-Enzyklopädie der Royal Horticultural Society die Morgenstunden verbracht. Aber ich habe keinen Garten. Auf Vögel brauche ich nicht zu verzichten: Tauben, Meisen, ein Eichelhäher, Krähen, Elstern, ein Bussard, Turmfalken, Wacholderdrosseln, Amseln, (viel zu wenige) Spatzen und sogar die kleine Majestät Zaunkönig überfliegen das kleine Stück Hinterhofhimmel, auf das ich vom Balkon sehe, oder landen mit Eleganz oder Drolligkeit auf meinem Rosenbogen, wo die unverwüstliche New Dawn Knospen treibt.

Bei aller Niedlichkeit der dreist auf die Katzen herunterschimpfenden Meisen und dem huldvollen Hüpfen des Zaunkönigs, der aus dem Innenhofgestrüpp zu mir findet, sind mir die Mauersegler am liebsten. Eines Morgens die Balkontür zu öffnen und unverhofft ihr schrilles Rufen zu hören, ist das schönste am Frühsommer überhaupt. Der ganze Sommer breitet sich wie eine stille Seenoberfläche vor einem aus. Beruhigend ungebunden, durchzogen vom weitreichenden schrillen schriiiek, schriiiek der Segler.

Es ist nicht leicht zu verwinden, wenn sie fort sind. Ende Juli ist der Himmel plötzlich stumm. Mit Glück saust noch ein verstreutes Grüppchen über die Hausdächer. Im tätigen Leben ist genug zu tun, die allgemeine Lage ist kritisch und für mich immer noch bemerkenswert unverändert. Was macht es da, dass der Sommer fort ist. Er kommt wieder und war nie meine Lieblingsjahreszeit. Ich mochte immer die Übergänge, Frühjahr und Herbst, ihre schöne Unruhe.

Aber weiß ich denn, dass der Sommer wiederkommt? Mir ist beklommen. Vielleicht ist die Vogelbeobachtung nicht gut. Früher endete mein Sommer erst bei der letzten Rosenblüte. Jetzt ist er in kurzer Zeit vorbei. Vielleicht habe ich mir das Vogelbuch zum Trost gekauft, um sie herbeizublättern. Eigentlich wollte ich meine Unwissenheit loswerden, nachdem ich Wacholderdrosseln für türkische Tauben gehalten hatte, und kaum fassen konnte, dass sie in Massen auf den Mehlbeerbäumen sitzen. Taten sie ja auch nicht. Doch trotzdem es ein ausgezeichnetes Lexikon ist, ist es für mich nicht leicht, damit die Vögel zu bestimmen. Aber ich habe festgestellt, dass es ein sehr poetisches Buch ist. Immer wieder schlage ich Seite 219 auf, um auf eine kleine Zeichnung zu gucken und die schöne Bildunterschrift: »Lärmender Trupp am Hochsommerabend«. Ein kleines Bild sausender Mauersegler und diese Bildunterschrift. Sehnsucht und Vergänglichkeit, Schwermut und Heiterkeit. Alles ist darin. Mehr braucht es nicht.

Ich finde übrigens meinen Prévert Gedichtband nicht wieder. Ich wollte das Vogelgedicht nachschlagen. Aber es lässt sich in keinem Regal und in keiner Kiste finden. Hoffentlich habe ich es nicht an einen längst verflossenen Jugendfreund verschenkt, dessen Namen ich nicht mal mehr weiß, oder einer nicht minder verflossene Freundin geliehen, die mit Sicherheit gar keinen Zahn für die schlichte Sentimentalität eines Anarchisten hatte. Eine Stunde habe ich gesucht und selbst Boris Vian wiedergefunden. Ich pflege die Franzosen zu vernachlässigen. Das wusste ich schon. Aber wo hab ich den Prévert gelassen? Dass ausgerechnet ich ein Buch vermisse! Demütig sehe ich auf meine Unmengen von Besitz. Lärmender Trupp am Hochsommerabend, denke ich und sehe sie sausen. Ich brauche das Buch nicht. Prévert hätte dem sicher zugestimmt.

Doch jetzt, im Schreiben, fällt es mir ein: Es steht beim Opernlexikon und den Liederbüchern, zwischen einer Brel-Biographie und Dylantexten. Nur eine Flügelspanne weit vom Vogelführer entfernt.

2016

Problemzonen

Die meisten Frauen haben etwas, was sie ihre Problemzone nennen, manche haben sogar mehrere. Mir hingegen fällt dazu nichts ein. Bei eingehender Betrachtung, könnte ich aber wohl doch mein Gehirn als Problemzone angeben.

Gelegentlich kommt es vor, dass es auf eine Art Standby-Modus schaltet, gerne dann, wenn es auf Hochtouren laufen sollte. So trödele ich im größten Gewühl vor mich hin und denke, dass ich eigentlich gar nichts zu tun habe. Vermutlich eine zerebrale Paradoxe Selbst-Intervention. Mir will dann beim besten Willen nicht einfallen, was ich sinnvoll erledigen könnte. Also recherchiere ich irgendetwas Abwegiges und folge jedem Querverweis und Link, bis ich auf Bedeutungen traditioneller Tätowierungen, Anorexia nervosa sowie das Landnámabók gestoßen bin und einen Online-Gesundheitscheck gemacht habe. Am Ende hat mein Kurzzeitgedächtnis für ca. drei Stunden große Brocken über das Buch der Lieder, die Habsburger, Kosch-Agatsch und altisländische Stilfiguren abrufbereit und ich weiß mein biologisches Alter. Nebenbei stellt sich grummelnde Unruhe ein. Also esse ich etwas. Zum Beispiel ein paar belegte Brote oder ein Häufchen Macadamianüsse, oder ich mache mir einen Teller Pasta, oder auch zwei.

Doch nach ein paar Stunden rächt sich das Trägheitsmoment und plötzlich drehe ich Pirouetten. Natürlich nur innerlich. Die Unruhe bricht sich Bahn und mit schreckweiten Augen blicke ich zur Uhr (in schweren Fällen gar auf den Kalender) und verfluche meine Saumseligkeit.

Doch die aufkommende Panik ist auch nur ein mentales Problem, sagt mein Kollege, und da hat er Recht. Man darf sie nicht zulassen, weil man dann schnell Fehler macht. Am besten zwingt man sich, an etwas völlig anderes als die drängenden Aufgaben zu denken, und nimmt sich vor, alles geordnet zu erledigen und zwar gleich von morgen so etwa zehn Uhr an: Kein Grund zu Hektik oder Paralyse. Erst mal die Farbgestaltung der Wohnung überdenken oder das Backen für den Advent. Fünf Sorten Plätzchen statt sechs? Vier Klassiker plus Eiweißverwertung, aber dann vielleicht doch dazu was Schokoladiges? Früchtebrot oder Mohnstollen? Man sollte möglichst viele Rezepte studieren und den Neukauf einer einschlägigen Zeitschrift erwägen, auch ruhig einen Kakao trinken. Also einen langen Anlauf nehmen und auf keinen Fall – sofern man wirklich backen möchte – mehr als fünf Sorten planen. Sonst hat man am Ende keine Plätzchen, sondern wieder eine Panikattacke. Jedenfalls eignen sich Kekse sehr gut, grummelnde Unruhe zu beruhigen. So wird man zwar wie Ermanno Cavazzonis »nutzloser Schriftsteller« vor lauter Unruhe immer dicker, aber dafür kann man nichts. Das ist ein Phänomen unserer Wohlstandsgesellschaft.

Besonders oft ereilen mich die oben beschriebenen Symptome übrigens im November. Ein saisonaler Höhepunkt und ungesunder Monat, der mein biologisches Alter in die Höhe schnellen lässt. Insofern könnte ich den November eigentlich als meine zweite Problemzone nennen.

2014

Aschenputtel reloaded

Neulich habe ich in einer Lifestyle-Zeitschrift doch tatsächlich gelesen, dass »einfach Hausfrau« sein, eine schöne Tradition sei und eine ganze Generation von (jetzt) Großmüttern dafür ein vorbildliches Beispiel gäbe. Das hat mir dann doch die Socken ausgezogen, obwohl ich lässig gestiefelt war. Darauf einen Dujardin, dachte ich, oder Asbach uralt.

Ich wünschte, ich hätte mir diese Lektüre erspart, denn nun grüble ich, ob ich mir Sorgen um die nachfolgende Generation machen muss. Deswegen sage ich hier allen Frauen unter vierzig und vorsichtshalber auch allen Männern, dass die Existenz der Hausfrau in vieler Hinsicht fragwürdig ist.

Als Hausfrau, auch matrona villaris oder domina vulgaris, wird lediglich projektiv eine Subspezies des homo sapiens definiert, deren natürliche Existenz biologisch sowie ethnologisch schwer umstrittenen ist. Ältere Forschungen zeigen, dass es, entgegen jüngerer von Procter & Gamble in Auftrag gegebener Studien, eigentlich nie flächendeckend frisch gestärkt beschürzte Vollzeit-Muttis gab. Zwar wurde durchaus hier und da hingebungsvoll Kuchen gebacken, wurden Kindern und Mann weichgespülte Pullis zurechtgelegt, und selbst Frottee-Handtücher gebügelt, doch kann nicht als gesichert gelten, dass diese Verrichtungen von veritablen matronae villaris ausgeführt wurden, noch ist bewiesen, dass selbst wenn dem so wäre, diese Subspezies in blitzblanken Eigenheimen ein heiteres Dasein führte. Denn es gibt genauso Belege, das einige in der einschlägigen Fachliteratur beschriebene Exemplare schon vor dem Frühstück heimlich am Badezimmerfenster rauchten oder mittags einen tiefen Zug aus der Kochweinflasche nahmen. Genauso ist bekannt und in Apothekenzeitschriften hinlänglich belegt, dass die Einnahme von Stimmungsaufhellern wie Johanniskraut oder Klosterfrau Melissengeist (80vol.%!) ab dem 45 Lebensjahr im Mittel sprunghaft ansteigt, wenn die Kinder das Haus verlassen und nurmehr schwerlich als Nestflüchter gelten können. Das wäre zugegeben auch kein Gegenbeweis der Existenz von waschechten matronae oder dominae, jedoch aber ein Hinweis auf unsere womöglich falsche oder verzerrende Sicht auf ihre Lebensweise und -gewohnheiten.

Spuren von ein paar Zehntausend dominae vulgaris lassen sich immerhin zwischen 1955 und 1975 überwiegend in Mittel- und Westeuropa sowie in Nordamerika nachweisen. Doch ist alles, was wir an nicht-familien-biographischem Material heute über sie vorfinden, überwiegend in der Werbe-Ikonographie der Zeit übermittelt. Was wiederum keineswegs beweist oder auch nur nahe legt, dass sie überhaupt oder in relevanter Population existiert haben. Im Gegenteil: Eine Schwalbe macht noch keinen Sommer und ein Bild von einer Schwalbe schon gar nicht.

Nun ist der Wunsch nach Rückzug aus dem zermürbenden Arbeitsleben und mehr Übersichtlichkeit durchaus menschlich und das Streben nach unangestrengter Existenz sogar allen Tieren eigen. Nicht umsonst ist der Gewinn von dem die meisten Deutschen träumen, die steuerfreie Sofortrente von 5.000 Euro (mtl.!). Aber dass bei weiblichen Exemplaren des homo oeconomicus Erwerbsdruck Träume von Bohnerwachs und Buttercreme weckt ... Wer hätte das gedacht? Womöglich ein Hinweis auf eine neue Subspezies, die puella cineris, auf deren Entdeckung ich hier Anspruch erhebe und deren umgehende Benennung ja wohl als Tagesleistung gelten kann.

Bleibt abzuwarten, ob puella cineris die historisch einmalige Chance begreift, und sich einen heiratsfähigen und derzeit in nennenswerter Population vorhandenen reichen Erben angelt. Ob nun mit Goldschuh oder ohne. Denn zu meiner Besorgnis schrieb die Autorin des oben erwähnten Artikels voller Verachtung von »sogenannten Edelweibern«, die sich auch fürs Backen und Kinderkriegen zu schade seien und nur in Cafés herumsäßen und das Geld ihrer Männer verjubelten. Da hat die Evolution bei meiner kleinen puella cineris also noch was zu tun. Ich hingegen denke, wenn schon, denn schon: Darauf eine Veuve Clicquot!

2015

Urbi et Orbi

Und allen Fußballfans, die immer noch davon faseln, dass Deutschland Vizeweltmeister gewesen sei, brülle ich hiermit vernehmlich zu: Es gibt keinen Vize-Weltmeister!!! Oder darf der Zweitplatzierte in irgendeinem Sport den Weltmeister vertreten, wenn der mal nicht kann? Häh?

Das musste mal raus. Die Deutschen sind auch nicht Papst oder Lena. Die Deutschen sind nicht mal zu dreißig Prozent katholisch und noch weniger von ihnen kommen aus Misburg-Anderten. Das ist auch kein neues Selbstbewusstsein, Eurovisionsvizepapst sein zu wollen, sondern ein mattes Frösteln im Abglanz.

Dabei sind die Deutschen ja Weltmeister, gleich zweifach. Unangefochten an der Spitze: im Urlauben und im Jammern. Naheliegend, dass sich das bedingt. Verreist wird, damit es wieder was zu Jammern gibt. Wie furchtbar es war, gleich zwei Tage nach dem sechswöchigen Andenaufenthalt ins Büro zu müssen undsoweiter. Bitter, bitter – grad, wenn es einen so unvorbereitet trifft. Tja.

Reisen und Jammern. Das liegt uns im Blut. Eine Art teutonisches Ruder-Gen vielleicht, könnte sein. Dafür spricht die Neigung, im Morgengrauen und bis an die Zähne bewehrt aufzubrechen. Die Hälfte reist nicht ohne Jausen-Brettchen und ein besonders scharfes Tafelmesser im Gepäck, gleich dem Wikinger, der auch ohne Rundschild und eine gute Klinge ungern das Haus verließ. Gerne machen wir das nicht. Wir können nicht anders. Dazwischen möchten wir jemand sein, der mehr gemocht wird. Lena oder Papst.

Aber es geht auch anders. Man kann das üben. Erst mal nämlich ohne Murren bis zur nächsten Hausecke und dann zurück. In Ruhe Zwetschen einkochen und ein paar Gedanken machen. Nach einigen Tagen womöglich schon mal einen anderen Stadtteil aufsuchen. Es kann so durchaus zur Gewohnheit werden, ab und zu einen mehrstündigen Weg für einen Espresso oder Apéro auf sich zu nehmen. Durchbrochen von längeren Phasen mit Filterkaffee in der eigenen Küche. Vielleicht da auch mal was singen. Oder den Weltenkreis grüßen. Schweigen. Nicht Vizepapst im Jammern.

2011

Baby you can drive my car

Wenn ich mich so im Büro umschaue, hätte ich auch gerne eine Abwrackprämie. Allem voran ist unsere sogenannte Teeküche völlig hinüber – ja so abgewrackt, dass wir dafür nicht nur eine Prämie, sondern sogar einen Preis verdient hätten.

Aber leider, leider ... Es gibt ja gar keinen Preis für Genügsamkeit oder eine Prämie für die Entsorgung wirklich schrottreifer Sachen, sondern nur für Autos, die noch ganz in Ordnung sind und die man vor der Zeit wegwirft, um mit dem Neukauf, die Konjunktur anzukurbeln. Leider. Vielleicht sollten wir eine kleine Investition tätigen, Räder unter die Miniküche schrauben, Metallic-Lack auftragen und sie zum Schrotthändler schieben? Manchmal muss man mit der Wurst nach dem Schinken werfen.

Natürlich ist das Leben mit einem Wrack für uns keine Herausforderung. Von Künstlern und Kulturleuten erwartet man kreative Lösungen und Schrullen. Erich Fried, so erinnere ich mich aus einem Dokumentarfilm, schrieb bis zu seinem Tod auf einer alten Schreibmaschine, bei der der Wagen hakte. Er hat einfach einen Stein an einer langen Schnur daran gebunden. So sank das Steinlot, Buchstabe für Buchstabe tiefer und zog den Wagen.

Nur, was sollen wir mit einem Auto anstelle einer Teeküche? Wir könnten zum Ersatz einen Imbisswagen durch die Außenmauer rammen. Schließlich gehts ums Autokaufen, nicht ums Autofahren. In der Stadt entwickelt sich das Automobil, das ja gar nicht auto-mobil ist, sondern erstens Treibstoff, zweitens einen Fahrer und dann auch noch freie Bahn braucht, ohnehin immer mehr vom Fahrzeug zum Stehzeug.

»Rasender Stillstand« hat Paul Virilio den Zustand genannt, in dem der Mensch sich im modernen Transportmittel befindet. Sich nicht mehr selber bewegen, sondern im körperlichen Ruhezustand beschleunigt werden. Autostagnare in Automobile. Sowieso im Flugzeug und auch in der Bahn. Genau wie die Stadttauben sich langsam vom Flugtier zum Laufvogel entwickeln. Sie watscheln schon richtig. Wie John Wayne.

Die Zukunftsfähigkeit des Autos steht längst in Frage. Nicht nur wegen der Umwelt, auch wirtschaftlich. Ich habe nichts gegen Autos, manchmal fahre ich in einem mit oder fahre Taxi und freue mich über die Bequemlichkeiten, die es mit sich bringt, aber ich muss auch nie einen Parkplatz suchen und das Fahrzeug bezahlen, während es bloß herumsteht. Selbst wenn ich alle meine Stadtfahrten mit dem Taxi machte, wäre das billiger als der Kauf und die Haltung eines Wagens. Ein Auto ist im Grunde eine Geldverbrennungsmaschine. Deswegen habe ich auch immer ein bisschen ein schlechtes Gewissen, wenn ich bei Freunden mitfahre. Doch von der Wirtschaftlichkeit würde sowieso kein eingefleischter Autofahrer hören wollen, weil ihm das Auto ein Gefühl von Unabhängigkeit gibt. Und vielleicht macht vielen auch einfach das Fahren Spaß.

Es ist wie mit dem Rauchen – früher. Früher galt Rauchen als schick, heute als verantwortungslos, weil es krank macht. Viele andere Dinge machen aber auch krank. Autos, zum Beispiel. Luftverschmutzung, Unfälle, Stress, Lärm – ja, und optische Belästigung. Überall, wo man hinkommt, möblieren diese Kisten die Gegend. Nein, das Auto hat keine Zukunft. Deswegen wird es jetzt staatlich gefördert, wie der Kohlebergbau, die Kunst und andere untergehende Zivilisationserscheinungen.

2009

Geisteskraft der Republik

Auch ich möchte zur Sexismusdebatte der Republik beitragen, und zwar mit folgender Belehrung für all jene Männer, die, nur weil sich ein paar zehntausend Frauen geräuspert haben, in Schreckmauser verfallen sind und nicht müde werden, sich in allen Medien geistig zu entkleiden. Obacht: Flirten ist dialogisch. Anmache ist einseitig. Punkt.

Ferner unterscheiden wir die geist- und geschmacklose sogenannte »dumme Anmache« von der selbstironisch originellen »Anmache«, die allerdings gegenüber Abhängigen nie und nirgends passt. Das gilt natürlich auch für alle Frauen! Sprüche wie »Na, da ist ja wieder unser süßer Praktikant« oder »Die Azu-boys bitte zu mir« sind und waren stets tabu und sind und waren nie originell oder gar selbstironisch. Präsidenten, die ihre Praktikantinnen oder Praktikanten (Gender-Mainstreaming!) flachlegen möchten, sind gut beraten, es zu lassen. Nicht, weil wir alle prüde und mitleidslos wären, sondern weil sie bitte nicht im Ernst glauben wollen, dass sie wirklich unwiderstehlich sind, sobald sie die Bäuche einziehen. Das war jetzt eine sexistische Bemerkung gegen Präsidenten. Hätten Sie's gewusst? Ich hoffe doch!

Da mein Versuch zur Rettung der Geisteskraft der Republik wohl nur wenig Gehör finden wird und ich meine, dass Frauen Wichtigeres zu tun haben, als erwachsene Männer zu erziehen, trage ich mich mit dem Gedanken, einen Online-Ratgeber zu publizieren. Dort werde ich sowohl Standardrepliken als auch individuelle Lösungen für Wortgefechte anbieten nach dem Vorbild der Rubrik »Kluge Antworten auf dumme Fragen« aus der Zeitschrift MAD, durch die ich mich in meiner Jugend zu bilden wusste. Hier eine Kostprobe: Auf die grobmotorische Bemerkung »Sie füllten aber auch ein Dirndl gut aus« empfehle ich die Antworten a) »lechz«, b) »würg« oder c) »Ich wünschte, ich könnte das Kompliment zurückgeben«. Wählt man Antwort c), kann man nachsetzen, indem man mit Leidensmiene den Blick schweifen lässt und im Abgehen sagt: »Ich geh dann mal auf Piste.« Wählt man a) oder b), darf man erläuternde Handbewegungen ausführen. Jedoch nur am eigenen Leib.

Allein – wozu ein Online-Lexikon, wenn die Schöne Literatur eigentlich alles bietet, was man braucht, um gekonnt Saures zu geben. Einer der berühmtesten Formulierakrobaten seiner Zeit war Cyrano de Bergerac, der auch real eine flotte Klinge führte. So weit muss und sollte man heutzutage aber nicht gehen. Jedenfalls gibt Cyrano immer noch für alle Kommunikationsästheten und Verbalboxer ein prächtiges Vorbild, solange sich ihnen nicht, wie jetzt mir, eine Vision vom keuchenden, putinschen Neubürger Depardieu, im Russenkittel das Kreuz küssend, vors geistige Auge schiebt. (Das war jetzt eine nichtsexistische, aber doch hübsch abfällige Bemerkung über schwergewichtige Schauspieler mit hohem Zuneigungsgrad zu lupenreinen Präsidenten.)

Egal. Hinfort mit ihm und weiter im Text: Hatte Cyrano doch einem Aufschneider einst geschrieben, er würde sich gerne mit ihm schlagen, wenn dieser nur genug Hirn und Herz besäße, dass man ihn ernsthaft treffen könne, und sich damit in jeder und auf elegante Weise unschlagbar gezeigt. Das tut gut und verschafft – Achtung, folgender Begriff ist keine sexuelle Anspielung! – tiefe Satisfaktion.

Gewiss hätte Cyrano für jene Mittelgewichtler auch nichts als Verachtung übrig, die laut jammern, wenn es mal ein bisschen

Haue setzt, weil sie glauben, das Austeilen gepachtet zu haben. Doch ich will mich hier nicht auf das schwache Geschlecht einschießen. Auch Frauen können schrecklich dumm sein.

2013

Schnittmengengeräusche

Gegen Dummheit ist kein Kraut gewachsen und kämpfen Götter selbst vergebens. Allerdings fände ich es schön, wenn die Dummen wenigstens nicht so laut krakeelen würden, sondern zur Abwechslung mal den Rand hielten. Leider bekommen aber die, die am lautesten schreien, medial die meiste Aufmerksamkeit, was erstens nicht für die Qualität unseres immer stärker beschleunigten Journalismus spricht, und zweitens jeden, der nicht brüllt, der Schweigenden Mehrheit zurechnet.

Zur Schweigenden Mehrheit gehört man heute, wenn man weder Gelegenheit noch Neigung hat, sich in Internetforen zu tummeln oder als präventiver Gegendemonstrant überall dort bereit zu stehen, wo politische Straftaten verübt werden könnten und die Polizei wegen Personalmangel nicht oder nur unzureichend eingreifen kann. Dass die Mehrheit keine Minderheit ist, reicht also nicht, sie muss irgendwie lauter werden. Deswegen habe ich beschlossen, das Schweigen zu brechen und hier exklusiv meinen persönlichen Fünf-Punkte-Plan zur Rettung unserer Debattenkultur – ja, vielleicht sogar zur Rettung der Republik – bekannt zu geben:

1. Wir beleben die Mengenlehre neu. Diese mathematische Grundlage erklärt anschaulich, was Mengen, Teilmengen und Schnittmengen sind. So verstehen auch diejenigen, die nicht müde werden »Wir sind das Volk!« zu rufen, dass sie eine Minderheit sind und ihr Skandieren bestenfalls als Schnittmengengeräusch betrachtet werden kann.

2. Eine Zensur findet weiterhin nicht statt. Es wird jedoch eine bundesweite Phrasenkasse eingerichtet. Jede/r Politiker/in, der/

die öffentlich sagt, man müsse die Ängste der Bevölkerung ernst nehmen, wird mit einer Phrasenabgabe nicht unter einem Bruttomonatsgehalt belegt. Diesen Einnahmen werden Rundfunkgebühren in gleicher Höhe zugeschlagen und an den Fiskus abgeführt, wenn der/die Gastgeberin oder deren Redaktion von Volkes Stimme spricht. (Schließlich schweigt die Mehrheit ja!)

3. Wer keine Ahnung hat, wird nicht genötigt, eine Meinung zu äußern. Es ist ab sofort erlaubt, die Aussage zu verweigern. Wenn jemandem in der Fußgängerzone wieder mal ein Mikrophon unter die Nase gehalten wird, darf er/sie sich zur Schweigenden Mehrheit bekennen. (Oder Geige spielen! Dank F. W. Bernstein wissen wir nämlich, dass es ursprünglich die Geigende Mehrheit hieß und die Tuttischweine meint.)

4. Probehalber werden Wörter ausgetauscht: Das Wort Flüchtlingskrise wird durch das Wort Bildungskrise ersetzt. Und alle Begriffe, die sich auf die Wanderungsbewegung von Menschen beziehen und mit Wasser konnotiert sind, wie Schwemme, Flut oder Ströme, werden im Zweifel mit einer Stummschaltung belegt oder der Vortrag durch die Rezitation von Nis Randers unterbrochen.

5. Wir üben Verzicht. Und zwar fangen wir gleich praxisnah und volkswirtschaftlich an und verzichten für den Anfang auf den Ausbau der Küstenautobahn A 22/20. Die Kosten für die damit verbundene Elbquerung von 1,5 Mrd. Euro werden beispielsweise im Harz oder Wilhelmshaven zur Strukturförderung investiert unter der Auflage interkultureller Siedlungs- und Wirtschaftskonzepte.

Natürlich ist mein Fünf-Punkte-Plan völlig unzureichend und vielleicht nicht völlig verfassungskonform. Quasi nur der Beginn eines wunderbaren Pragmatismus. Und ich bin nicht mal eine Schnittmenge, sondern in etwa so viel wie ein hauchdünnes Gemüsescheibchen auf einem weiten Rübenfeld. Aber eben auf einem sehr großen Feld schweigender Rübenmehrheiten, die denken, dass es schon gelingen wird. So in etwa können Sie sich das vorstellen.

2016

Chaos, Wolken und Argument

Unsere Zeit haben wir eingeteilt nach dem Zyklus von Sonne, Mond und Sternen. Wir kreisen auf einem Planeten durch das All und können schlecht begreifen, wie das alles sein kann: um uns die Unendlichkeit und vor uns der Alltag – ein Tisch, vielleicht eine Kaffeetasse und ein Telefon, das wie eine Blechgrille zirpt. Die Ausdehnung von Galaxien und welcher Beutel in unseren Staubsauger passt, welche chemischen Substanzen uns ausmachen und wo der Wein am besten schmeckt, dass Schimpansen mit den Menschen näher verwandt sind als mit irgend einem anderen Affen und das rechts vor links Vorfahrt hat, wie man entsteht und vergeht – es gibt heute sehr viele Informationen der grundlegenden und der banalen Art. Die sortiert unser Gehirn, wir reden von Reizüberflutung und bei den Affen fällt einem Erich Kästner ein: »Einst haben die Kerls auf den Bäumen gehockt … dann hat man sie aus dem Urwald gelockt …« und wir wissen auch da natürlich schon, dass das so nicht stimmt, sondern eine parallele Entwicklung stattfand, die uns übrigens all unsere Rückenprobleme eingebracht hat und das sind noch die geringsten! Warum können wir nicht einfach Säugetiere sein, die wir sind, auf vier Beinen gehen und stumm, aber seelenvoll in die Gegend gucken? Es ist zu spät, der Apfel ist bekanntlich ab, wir gehen auf zwei Beinen, haben vom Baum der Erkenntnis von Gut und Böse gegessen und erkennen müssen, dass wir nichts begreifen können, was den menschlichen Maßstab sprengt. Da weiß dann die Hauskatze mehr als wir oder ein Elefant, der die Verschiebung der Kontinentalplatten und die Riesenwelle spürt, bevor der Mensch nur eine Ahnung hat.

Wir haben als Haltepunkte die Naturwissenschaften, die Religionen und die Poesie erfunden. Und kein zeitgenössischer

Autor könnte klüger und erfinderischer darüber schreiben als Raoul Schrott, dessen Namensanagramm übrigens auch Otto S. Lurch ergeben könnte, wie er selber sagt. Für ihn ist Naturwissenschaft vom selben Impetus getragen wie die Poesie, »ein Ausdruck von Neugier auf die Welt, sie verrät das Bedürfnis nach Sinnsetzungen und ist ein Zeichen dafür, daß uns immer das interessieren wird das jenseits unseres Horizontes liegt. Die ›totale Erklärung‹ wird, auch sie uns dennoch immer schuldig bleiben.« Es schadet also nicht, etwas anderes als Literatur zu kennen und etwas über die Galaxien zu wissen, wenn man Lyrik oder Prosa schreibt – im Gegenteil! »Das heißt natürlich nicht, daß das, worauf man dann mit der Nase oder dem Feldstecher stößt, klarer faßlich sein wird als die Wolken …«, schreibt Schrott in seinem »Handbuch der Wolkenputzerei« und zitiert noch Aristophanes, der Sokrates sagen lässt: »Gib all deine Götter auf und glaub an unsere: Chaos und Wolken und Argument.«

2005

Wild Thing

Das Wilde ist ja in der Zivilisation sehr beliebt. Je weniger es davon gibt, desto mehr. Aber wohl eher theoretisch. Denn wenn es mal richtig wild wird – Wetter oder Benehmen – nennt man es schlecht. Trotzdem wünschen sich viele, wenn sie in die Jahre kommen, wieder wild zu sein. Vor allem, wenn sie es nie waren.

Ich zähle zu jenen Sofatomaten, die es gern bequem haben und die weder für Geld noch gute Worte mit Gummibändern um die Knöchel vom Kran hopsen oder mittels Drogen chemische Selbstversuche starten würden. Davon abgesehen sind solche fruchtlosen Versuche, Wumm ins Dasein zu bringen, nicht wild, sondern überzivilisiert, um nicht zu sagen: dekadent. Wer nicht ausgelastet ist, kann ja Bauarbeiter werden oder zur Müllabfuhr gehen, da hat man genug Wumm und zwar werktäglich ab fünf Uhr früh. Jetzt höre ich mich leider so an, als hätte ich den Reichsarbeitsdienst erfunden oder zumindest Hartz IV, aber ich versichere hier eidesstattlich, dass ich zu jung dafür bin und auch nie einen Handballverein gemanagt habe.

Vielmehr entspringt meine Verachtung für solche abgestandenen Sehnsüchte einer Verweigerungshaltung, weil man mir in der Jugend einfach zu oft vorgehalten hat, ich – ja, meine ganze Generation – sei nicht einfallsreich und wild genug. Wir hatten Lehrer, die Spontanität für machbar oder gar programmatisch hielten und zumindest wild entschlossen waren, ihre Adoleszenz bis zum sechzigsten Lebensjahr auszudehnen. Auch an der Uni war der Prof der Einzige, der die Füße auf den Tisch legte und in der Nase bohrte. Meist fragte er, was wir denn erwarten und gerne machen würden. Kam dann nix, klagte er, dass wir einfallslos seien. Hatte er doch eigens nichts vorbereitet, damit wir uns austoben konnten. Wir sollten mal ein bisschen kreativer sein. Ein bisschen. Kreativer. Aarrrrggh!!

Eigenartig, dass das nicht aufhört. Die Erwartung auf Belebung durch Jugend. Stets soll sie der bürgerlichen Mäßigung ihre Wildheit entgegensetzen, die das Eigentliche unseres Daseins hervorkitzelt, wofür sich wirklich zu leben lohnt. Die Jugend soll uns beleben und sich uns – am besten mediengerecht – preisgeben. Auch in der Kunst. Ich halte es schlicht für Vampirismus und wundere mich gar nicht, wenn ich dadurch hauptsächlich Gesellschaft auf dem Sofa kriege.

Apropos Vampire. Wenn der Sommer doch schön wird und die Fledermausjugend sich nachts mal wieder in meine Wohnung verirrt, öffne ich alle Türen und Fenster und lege mich wieder schlafen. Vielleicht summe ich dann »wild thing«, wenn ich anderntags mit dem Staubsauger die flächendeckend verstreuten Köttel entferne, oder höre Oliver Knussens Oper »Where the wild things are« und ganz vielleicht ziehe ich dazu auch meinen Wolfspelz an.

2013

Mein innerer Migrant

Trifft man auf eine größere Ansammlung ortseigener VIPs und Medienmacher, landet man schnell im Abseits, wenn die leidige Frage der persönlichen Siedlungsverläufe aufkommt. Man sollte schon ein wenig Strecke gemacht haben, sonst wird's schwierig. Kommt man von nah, ist das natürlich langweilig. Zugewandert aus Ostwestfalen zum Beispiel ist nicht so der Hit. Wird man aber gar am Heimatort angetroffen, ist man unten durch: Wie von Geisterhand auferlegt, breitet sich unter den großäugigen Blicken des Gegenübers ein dumpfer Ausdruck aufs eigene Gesicht, denn dumpf gucken ist obligatorisch, ja Pflicht, wenn man zuhause wohnt. Rettung brächte vielleicht, noch rasch zu erwähnen, in *und* zu wohnen: in Hamburg *und* Haiti, in New York *und* Newcastle, Tokio *und* Tegernsee. Fehlt es da für zwei Wohnsitze in jeder Hinsicht an Vermögen, sollte man zumindest ein *überwiegend* bieten können. Zum Beispiel *überwiegend* in Berlin. Nicht punkten kann man natürlich mit Barsinghausen *und* Clausthal-Zellerfeld oder nur *übergewichtig* und dann auch noch in Buxtehude. Nun muss man ja als Eingeborener nicht direkt fürchten, von den Weitgereisten eingefangen und verkauft zu werden. Aber so ein bisschen verzwergt wird man schon. Doch der Jahrmarkt der Eitelkeiten muss einen mit ordentlichem Beharrungsvermögen gesegneten Menschen ja nicht kratzen.

Jetzt aber interessant: Reisen und Auslandsaufenthalte, Um- und Übersiedlung aus dem gleichen Sprachraum sind gut, weite Wanderungsbewegungen – je nachdem, woher und warum – leider aber ganz Scheiße. Zugereist aus Rumänien, ja schon etwas weiter weg als Ostwestfalen, kommt z. B. nicht gut – davon abgesehen, dass man überhaupt und besonders in der

VIP-Lounge, erschreckend wenig Rumänen trifft. Das ist nun allgemein bekannt und wird wohl schlicht und unbestreitbar am sozialen Status liegen. Übrigens manchmal auch das Daheimbleiben. Merkwürdig genug, fragt nie jemand, von wo man losgegangen ist, um gerade jetzt hier zu sein. Vielleicht aus Angst vor Rumänen.

Also für den Status merken: Reisen und Auslandsaufenthalte gut. Um- und Übersiedlung aus dem gleichen Sprachraum auch gut. Außer natürlich in der Schweiz, was mich neulich vorm Fernsehbeitrag zum spontanen Niederknien und Dankgebet an Unbekannt veranlasst hat: Wenigstens die Schweizer sind so lieb, alle Europäer über einen Kamm zu scheren und würden die Deutschen gerne ausweisen, was aber die Wirtschaft – stets eine treibende Kraft in der Antirassismusbewegung – gar nicht mag, weswegen die Eidgenössische Antirassismuskommission jetzt etwas dagegen unternehmen wird. Schade.

Aber von all dem abgesehen: Was stellt die Welt eigentlich immer hemmungslos so intime Fragen? Wem, außer jetzt Ihnen, würde ich schon anvertrauen, dass ich innerlich sehr unruhig und sehr viel unterwegs bin, und gottfroh, wenigstens äußerlich nicht dauernd los zu müssen?

2014

Erbgut

Der November gilt als trauriger Monat und irgendwie scheint er auch voller Gedenk- und Totensonntage zu sein. Er ist nass, kalt, der Wind pfeift um die Häuserecken und es gibt nicht einen Feiertag, der etwas Heiterkeit verbreiten würde – und also die Kassen klingeln ließe. Kein Wunder, dass sich der Einzelhandel vor einigen Jahren auf Halloween gestürzt hat wie der Teufel auf die arme Seele und dass die Kinder mitmachen wollen. Nun ist ja Allerheiligen, »All hallows' eve«, zwar der letzte Oktobertag, doch die orangefarbenen Kürbisse leuchten freundlich bis in den Advent hinein. Sehr viel Inhalt hat das Ganze nicht, nur etwas Verkleiden, Gruseln und Süßigkeiten. Ein harmloses Vergnügen.

Nun behaupten Neuheiden und Kirche ausnahmsweise einhellig, dass das ganz unchristlich wäre und irgendwie keltisch, archaisch, es hätte was mit Zauberei und okkulter Wahrsagerei zu tun, und überhaupt sei es ganz amerikanisch, meckern die Gralshüter der deutschen Kultur, die bekanntlich römisch-katholisch, zumindest aber protestantisch zu sein hat. Christus wurde ja nicht wie Mohammed und Moses im Orient geboren, sondern in Oberbayern.

Na gut, was ist denn Halloween nun? Die Iren haben es mit in die USA genommen, und von dort ist es über Frankreich zurück und in die Drogeriemärkte gekommen. Die Volkskundler der 1920er Jahre hatten beschlossen, es müsse sich um einen uralten Brauch handeln, weil die Iren so wunderbar rückständig seien, dass sie eigentlich noch so recht alte Gälen wären. Sie waren eifrig über die grüne Insel gezogen, um die alte Sprache und keltische Bräuche aufzuspüren und hatten entsprechend viel entdeckt. In Flann O'Briens bissigstem Buch »Irischer Lebenslauf« sitzt ein deutscher Keltologe einem Anzug tragenden Schwein auf und archiviert das Gegrunze wegen seiner Unverständlichkeit als urgälischen Dialekt. Das trifft die damalige Forschungssituation vermutlich ganz gut.

Kurz und Kürbis: Halloween hat archaische Wurzeln. Doch lässt sich keine Kontinuität zum angeblichen Fest eines Totengottes Samhain feststellen, den übrigens einzig die Römer zu nennen wissen, die bei den Kelten prompt Entsprechungen ihrer Götter entdeckt hatten. Halloween unterscheidet sich nicht von anderen in ganz Europa weit verbreiteten und nun tatsächlich mal archaischen, also richtig alten, Ernte-, Heisch-, und Wahrsagebräuchen. Die Kelten aber waren kein archaisches Volk. Die Gallier zum Beispiel waren bei der römischen Invasion ganz auf der Höhe ihrer Zeit mit großen Siedlungen, Münzen, Rechtsprechung und Sklaverei. Ein paar spezielle Bräuche gab es allerdings, wie die kriegerische Sitte, nicht nur den Skalp, sondern gleich den ganzen Kopf nach Hause mitzunehmen.

Ob da nicht doch was Keltisches auf uns gekommen ist? Wenn ich so sehe, wie am Tag der Toten die Kleinen fröhlich kreischend mit Kürbisköpfen umherwuseln … Ganz wie Klein-Vercingetorix mit Papas Schrumfkopfsammlung, oder?

2012

Das nennt man Profil

Neulich sah mein Leben genau so aus, wie die meisten sich das Leben von jemandem vorstellen, der ein Literaturhaus schmeißt: Ich saß nämlich mit nicht weniger als drei taz-Wahrheits-Kolumnisten in der Kneipe und tauschte Titel.

Wir hatten über Gott und die Welt geredet, Siebziger-Jahre-Musik und die Muppet Show, auch über den Sinn und Unsinn von political correctness, und Didi meinte, es seien doch diejenigen am peinlichsten, die glaubten, mit incorrectness irgendwie provozieren zu können. Ich hatte aber wirklich Bedenken über zuviel correctness, wenn sie dazu führt, aus Tom Sawyer das Wort »nigger« zu streichen, weil es doch im Zusammenhang der Zeit für sich – oder besser gesagt: gegen diese – spreche. Hardi gab mir recht, meinte aber, aus dem Negerkönig bei Pippi Langstrumpf könne ruhig ein Südseekönig werden, denn das sei im Sinne der Geschichte und der Kinder. »Stimmt«, sagte ich. Es ist nämlich schwierig, einem zugereisten Kind Gutenachtgeschichten vorzulesen, in denen es Schimpfnamen trägt. Das ist eine große Erwachsenenpeinlichkeit. Hardi, der oft Kindern vorträgt, nickte und ich sah ihm dabei über mein Bier hinweg zu. »Mensch«, entfuhr es mir da ganz unkorrekt, »so gesehen bist du ja auch Südseekönig.« Hardi nickte, nun angriffslustiger, weiter.

Eigentlich waren alle außer mir irgendwie Südseekönige. Nur ich war erschreckend durchschnittlich. Ich wäre allerdings aus verschiedenen Gründen sowieso lieber Nordseekönig und grübelte nun, ob das womöglich rassistisch sei. »Nein«, sagten die Südseekönige, die offenbar Gedanken lesen konnten, »das ist nur eine alte Wikingertradition. Rothaarige Bleichgesichter wollen immer Nordseekönig werden.« Was war das denn jetzt? Die Südseekönige grinsten.

Es ist aber auch schwierig mit der Rücksichtnahme auf die Vielzahl der Südseekönige. Neulich erhielt ich einen Verlagskatalog des Hauses Männerschwarm, der den Beitrag von Schwulen zur Literatur bekannt machen will, aber nicht in die schwule Ecke gestellt werden möchte. Auch ein Frauenbuchverlag, der ausschließlich was über und von Frauen bringt, möchte nicht in die Frauenecke gestellt werden. Ich meinte, durch diese kühne Forderung würde der Gedanke, es gäbe randständige Existenzen, geradezu provoziert und dass man denen das mal sagen müsste. »Da stehst du dann aber ruckzuck mit dem Rücken zur Wand in der Frauenecke«, moserte ich und Didi meinte: »Guter Titel.« »Kannste haben«, sagte ich, »habe schon zu oft über Emanzipation im Besondern und Allgemeinen schwadroniert und das Gefühl, immer dasselbe zu schreiben.« »Das«, sagte Franz, der Schweiger, plötzlich, »nennt man nicht ›immer dasselbe‹. Das nennt man ›Profil‹. Kannste verwenden.«

Profil brauche ich nun wirklich dringend, denn neulich hatte man mich für einen Beitrag wegen mangelnder Prominenz abgelehnt. Da tröstet doch ein wenig inhaltliches und anständiges Profil ganz ohne Schischi. Wir überlegten, welche wirklich besten Büchertitel und Kolumnentitel wir noch wüssten und starteten einen Wettbewerb, in welchen Ecken es noch ganz eng wird, wenn man drin steht. Hochzufrieden sah ich meine Theorie bestätigt, dass nur hetereosexuelle, vollbeschäftigte, gesunde Männer zwischen dreißig und sechzig nicht Eckestehen müssen und somit die eigentlichen Problemkinder der Gesellschaft sind. Und wenn ich Nordseekönig wäre, ließe ich die ganz viel rudern.

Im Hintergrund lief das Radio und gerade sang Mary Roos ein Liedchen für uns. »Wisst ihr, dass Mary Roos auch mal in der Muppet Show war?«, sagte Hardi. Da verschluckte ich mich, verfiel in Schnappatmung und wedelte mit den Armen. »Klar«, sagte Hardi, der wirklich Gedanken lesen konnte, »mit dem Rücken zur Wand in der Froschecke ist auch hart, aber für Kermit wäre es mit dem Rücken zur Wand in der Schweineecke härter.«

Nun sitze ich wieder im Büro, wo ich meistens sitze und mein Leben sieht so aus, wie es meistens aussieht: Ich schreibe an den Kulturausschuss Briefe, weil die Kulturverwaltung von uns 25tsd. Euro Miete will, obwohl sie uns nur mit 35tsd fördert, gerade als der Kämmerer, wie alle Kämmerer einmal im Jahr, die bahnbrechende Idee äußert, bei der Kultur Geld sparen zu wollen – also mit dem Rücken zur Wand in der Kreativecke. Das kenne ich aber schon aus dem Handarbeitsunterricht. Hobbypsychologen nennen solche Parallelen gerne Muster und unterstellen Masochismus, weil man immer die gleiche, quälende Situation aufsuche. In Wahrheit haben die aber nur Angst, selbst mit dem Rücken zur Wand in der Psychoecke zu stehen.

In den drei Stunden, die ich für die Briefe brauche, kommen 67 Mails an, über mir rumort der Kunstverein, und das Telefon klingelt. Unser Stipendiat ist krank und braucht eine Wegbeschreibung zum Arzt, ein Kinderwagen steht in der Tür und sucht die Vorverkaufskasse, die Toilette im Untergeschoss ist wieder defekt, und es riecht nach, naja, Brackwasser, lüften kann ich nicht, denn vor dem Fenster stehen die Buhmannschulkinder und rauchen Gras, was das Zeug hält und mir schlecht wird, ein Mann hat einen langen Text über sich selbst geschrieben, zwischen zwei Buchdeckel gebunden und sich bei der Ministerin beschwert, dass ich ihn nicht daraus bei uns lesen lasse. Ich denke an den alten Managerwitz, dass Moses nie ins gelobte Land gekommen ist, weil er für alles zuständig war, als ich der Erlösung teilhaftig werde, indem ich einen Riesenschreck bekomme, weil ein Mann in einem Löwenkostüm in der Tür steht und fragt: »Habe ich sie erschreckt?« Endlich einer, der nach mir fragt, auch wenn er mich dafür vorher erschrecken musste. Er ist einfach nur so im Kostüm unterwegs, weil er das mag, und ich beschließe, Feierabend zu machen. Als ich schnell das muffelnde Treppenhaus durchquere und scharf um die Ecke biege, stehe ich vor einem Bären. Er ist ausgestopft, was man gleich sieht, aber dennoch ein Bär. Rolf kommt aus dem Fahrstuhl und sagt: »Hast du dich erschreckt?« Schon wieder einer, der nach mir fragt! Der Bär gehört in die Ausstellung *some went mad, some ran away* und ich kann nur sagen: Einen schöneren Job als meinen könnte sich keiner ausdenken.

2014

Marder im System

Neulich gab's morgens kein Geld am Bankautomaten. Bei der Post aber auch nicht. Sofort beschlich mich ein ungutes Gefühl. War es denn zu glauben, dass dies auf einer technischen Panne beruhte? Beim nächsten Geldinstitut auch Fehlanzeige. Ich setzte meinen Weg ins Büro fort und dachte, wenn es bei der nächsten Bank auch kein Geld gibt, dann ist es kein technisches Problem. Immerhin wirbt die Politik schon für unser Vertrauen in die Geldmärkte.

Warum erscheint das Gebaren der Banken und Börsen so nebulös, dachte ich. Niemand gibt sich seriöser als sie, und kaum einer kann es wirklich fassen.

Schon 1992 hat der Schweizer Künstler Thomas Huber dargestellt, dass die Banken die Kathedralen unserer Zeit sind und dass die Umwandlung jeglicher Ware in Geld eine Sprache ist, die jeder versteht, das Tragen der überzähligen Mittel auf die Bank aber auch etwas von einem Gang in den Tempel zur Opferung hat. Nur soll dort natürlich Gewinn daraus entstehen. Wenn der Tempel die Gaben verschlingt oder die Götter nicht hören, wird's duster.

Ich vermute, das ist gar keine so indifferente Darstellung der Zusammenhänge. Verstehe wer will den Geldmarkt. Selbst die, die vorgeben, ihn zu verstehen, verstehen nicht. Er scheint einen Körper zu haben. Zumindest wird er so bezeichnet: Er reagiert empfindlich, er wird nervös, er erholt sich, er braucht Nahrung und kann stürzen.

Und es scheint auch um Glauben zu gehen, denn die Banken verlieren das Vertrauen zueinander und die Kunden verlieren das Vertrauen in die Banken. Erst aus dem Vertrauensverlust folgt der Verlust des Geldes. Deswegen beschwichtigt die Politik alle und bürgt für das System, damit der Prozess der permanenten Transzendenz anhält und das Vertrauen bleibt. Die Börse ist über und in allem und bestimmt den Wert eines jeden Gliedes.

Ja, es ist ein riesiger Körper, ein geschlossenes System und je mehr dranhängt, desto schwerer der Fall. Aber ist dann nicht auch der Aufstieg schwerer? Was soll man tun? Den Leviathan kraulen oder wieder eine Lohntüte verlangen? Also an den Geldmarkt glauben oder ohne ihn existieren? Geht das? Schon ohne Girokonto existiert man doch faktisch nicht.

Am Automaten an der Ecke gab es dann doch Geld. Die Realität hatte mich wieder. Es war ein Marder. Nur ein katzengroßes Nagetier, kein Leviathan. Ein einzelner armer und jetzt toter Marder hat ein einziges Kabel durchgebissen, weil Steinmarder gar nicht anders können. Wenn sie ein gutes Kabel riechen, müssen sie reinbeißen. Auch in ein 110-Kilovolt-Kabel, an dem das Rechenzentrum einer Bank hängt und vieles mehr. Unter anderem ein System, das Teil eines Systems ist, das Teil eines Systems ist – und verzweifelte Systemanalytiker, die den Fehler nicht finden.

2008

Wie die Tiere

Heute ist es wieder salonfähig, zu behaupten, früher sei alles besser gewesen. Also natürlich nicht in der jüngsten deutschen Vergangenheit, aber noch früher – oder später, aber auf jeden Fall »früher«. Morgens um sieben war die Welt noch in Ordnung, wenn Mutti die Stullen schmierte.

Richtig, es geht nicht ums Tiefkühlfleisch, den Okzident-Orient-Konflikt, den Treibhauseffekt, die neuerliche Akzeptanz von Folter oder die ungelöste Frage der modernen Völkerwanderung. Nein, früher hatten wir uns noch nicht dem Irrweg der Emanzipation verschrieben. Der Fluch ist dieses ständige außer-Haus-Wollen, der neumodische Drang zur Erwerbsarbeit – der Frauen natürlich. Besser gesagt: unnatürlich. Das ist eher was für die Männer, die ja auch alle begeistert dabei sind.

Nun gibt es Zeugnisse der Geschichte, dass Frauen auch früher schon unnatürlich karriereorientiert waren. Rousseaus Freundin Thérèse Levasseur zum Beispiel ernährte ihren Jean-Jacques, der gut aussah, aber kein Geld verdiente, als Wäscherin. Die fünf Kinder gaben sie jeweils kurz nach der Geburt ins Heim, mit der Begründung, ihnen fehle die Zeit für die Erziehung der Kleinen. Zurück zur Natur!

Schlechtes Beispiel? Also noch früher, wie in der Antike? Sklavenhaltung, Völkermord, keine Persönlichkeitsrechte für Kinder, Frauen und Ausländer? Na gut, dann eben noch früher, wie bei den Kelten. Kopfjäger, Menschenopfer, Polygamie – na ja vielleicht schon irgendwie natürlicher, aber auch nicht schön. Also lieber richtig natürlich, wie ganz früher, mehr wie die Tiere? Die Natur gibt uns doch so viele Beispiele! Ging uns doch ganz gut, bevor wir auf die dumme Idee mit den Werkzeugen kamen.

Nun gibt es aber auch Beispiele für Werkzeuggebrauch bei Tieren. Primaten? Geschenkt. Z. B. Fischotter und Krähenvögel haben die Gewohnheit, mit Steinen und Zweigen allerhand anzustellen, was ihnen weiterhilft. Arme Kreaturen. Noch 200.000 Jahre und man stellt sie für die Buchführung ein.

Schluss mit der Evolution! Warum Zukunft, wenn es doch so viel Vergangenheit gibt, so viele Beispiele in der Natur! Sogar so viele, dass man gar nicht mehr weiß, woran man sich eines nehmen möchte: Klauen wie die Raaben, kämpfen wie ein Löwe, hamstern wie die Hörnchen, gackern wie die Hühner, mit den Wölfen heulen, stinken wie ein Iltis und wie der Ochs vorm Scheunentor stehen.

Wir unterscheiden uns in weniger als fünf Prozent genetisch von den Schimpansen und sind auch mit allerhand anderen Äffchen eng verwandt. Ich vermute, die Affen bestehen auf den kleinen Unterschied.

2006

Segen sägen

Die fast jedem aus Kindertagen vertraute Rätselhaftigkeit traditioneller Lieder könnte die Existenz morphologischer Felder beweisen, zumindest aber die kollektiver Missverständnisse! Allen voran betrifft das natürlich die Weihnachts- und Kinderlieder. Wir haben an anderer Stelle schon viel über »misheard lyrics«, falsch verstandene Liedtexte, gelesen und uns größtenteils sehr amüsiert, was nicht nur Axel Hackes »Weißer Neger Wumbaba« beweist, sondern auch Coldmirror, deren todkomische Illustration und absurde Übersetzung des türkischen Schlagers »Git Hadi Git« in »Keks, alter Keks« zu Recht Millionen Zugriffe im Netz hat.

Auch ich war als Kind über die unorthodoxe Grammatik des Sandmännchenliedes verblüfft, denn welches Wölkchen kommt sonst angeschwoben und hebt dabei ganz sacht? Doch Fernsehen stand ohnehin unter Verdummungsverdacht, da glaubte ich, man wisse es dort eben nicht besser. Tief überzeugt war ich hingegen, dass laut »Alle Jahre wieder«, das Christuskind mit seiner Sägen in jedes Haus einkehrt. Erstens hatten wir ein Liederbuch, wo besagtes Christkind ein Bäumchen unterm Arm trug und zweitens führte bei uns das Aufstellen des Weihnachtsbaumes alle Jahre wieder zu nervenzerfetzenden Szenen, die sicher nur das Christkind selbst hätte entschärfen können. Leider trat es jedoch nie persönlich in Erscheinung, sondern hatte im Keller nur einen leicht rostigen Fuchsschwanz hinterlassen. Die von meinem Bruder und mir angeschleppte Fichte passte in schöner Regelmäßigkeit nicht in unseren Weihnachtsbaumständer, egal wie viel Mühe wir uns gegeben hatten, einen passenden Baum zu finden, und musste irgendwie abgeschnitten und zugespitzt werden – und das möglichst gleichmäßig, um einen Schiefstand zu vermeiden. Erst mal wurde mit dem widerborstigen Fuchsschwanz ein Stück abgesägt. Aber aus irgendeinem unerfindlichen Grund saß dann immer ein Astbuckel genau am Übergang zum Halter, der alle Bemühung zunichte machte.

Unsere zu diesem Zeitpunkt schon leicht warmgelaufene Mutter holte dann das Brotmesser, und die Feinschnitzarbeit begann. Nach ca. einer halben Stunde sprühte sie in jeder Hinsicht Funken und stieß recht unchristliche Flüche aus. Einmal haben wir mit vereinten Kräften versucht, den Baum in den Ständer zu zwingen und stampften ihn so lange mitsamt dem Halter auf, bis – na ja klar – der gusseiserne Ständer in Stücke brach. Ich wurde ausgeschickt, und es gelang mir tatsächlich noch am Heiligen Abend, im Haushaltswarengeschäft (was es damals noch gab!) einen brauchbaren Weihnachstbaumständer zu bekommen, der nicht zu teuer war und – Christkind sei Dank! – etwas größer. Nur hatte der albern kurze Beinchen, weswegen wir den Baum zur Sicherheit mit Draht am Ofenrohr vertäuten. Dergleichen Aufwand war nichts gegen die Viecherei mit der Ständermontage, und die Konstruktion bestand den Härtetest, als unsere Katze Eichhörnchen spielte. Die Weihnachtsfreude war gerettet und im folgenden Jahr passte der Baum – natürlich wieder nicht.

Inzwischen hat sich einiges verändert. Die Decke ist höher und der Baum noch größer geworden, aber auch der Baumständer patenter und das Beste: Ich besitze eine wirklich scharfe norwegische Säge. Letzte Weihnacht habe ich den Dreimeterzehnbaum ohne Hilfe binnen einer Viertelstunde aufgestellt und nur, weil jede Mieze gern Eichkatzerl spielt, mit Draht gesichert. Manche Dinge am Weihnachten der Kindheit vermissen wir – am meisten wohl die Menschen, die damals um uns waren und inzwischen fort sind. Aber die Erkenntnis, dass nicht das Christkind, sondern wir selbst fürs Sägen zuständig sind, entspannt und wirkt sehr segensreich.

2012

Schwamm drüber!

Und wieder ist die Welt nicht untergegangen. Und wir stehen vor der Frage – nein, nicht, ob sie vielleicht in dreißig Millionen Jahren untergeht und Peer Steinbrück bis dahin Sparkassendirektor von ganz Nordrhein-Westfalen geworden ist – sondern vor der Frage, wer eigentlich blöder ist: Die Medien, die nicht müde wurden, von der Unwahrscheinlichkeit einer unwahrscheinlichen Annahme zu berichten, oder die Leute, die ihr Überleben sichern wollten. Hallo? Weltuntergang?! Da sausen wir höchstens als zerstäubte Materie in die implodierende Sonne. Wenn Überlebenswille, dann richtig. Da heißt es vorher tapfer die Galaxie wechseln. Bitte nächstes Mal daran denken.

Die Menschen, die die esoterische Lesart des Maya-Kalenders ernst genommen haben, verdienen vielleicht auch eine Medaille fürs Doofsein, aber weisen eigentlich nur eine lässliche Wissenslücke auf. Allzu gerne glauben wir ja, dass untergegangene Kulturen wussten, dass es schlimmer kommen würde. Diesen Glauben sollte man in keinem Fall erschüttern! Zu glauben, man könne den Untergang eines Planeten auf demselben überleben, erscheint mir hingegen vollständig plemplem und somit preiswürdiger.

Irritierend finde ich, dass sehr hartnäckig zu bestimmten kalendarischen Ereignissen düstere Perspektiven prognostiziert werden. Wieso eigentlich nie etwas Schönes? Und wieso überhaupt? Kalender gibt es viele. Mal hat sie sich ein Mönch ausgedacht, mal ein Papst oder irgend ein anderer Dogmatiker. Die Französische Revolution wollte eine neue Zeitrechnung und Mussolini auch, beginnend mit seinem Marsch auf Rom 1922. Das war dann mal ein Beispiel für: erst die Katastrophe, dann die Rechnung.

Zuletzt galt das Jahr 2000 als aufregend. Alle Welt tat so, als sei es ganz irre, das Jahr zu erleben. Dabei könnte man sicher mit verbundenen Augen ein ebenso gutes aus einem Zeitzylinder ziehen. Besonders enttäuscht war ich, als auch noch die Kirche anfing, 2000 und die damit verbundene Vollendung (immerhin: die können richtig zählen!) des Millenniums als Ereignis anzukündigen, bis mir einfiel, dass die ja eigentlich die einzigen waren, die allen Grund dazu hatten.

Nach Zählung der Maya hat also das 14. Baktun begonnen, nach dem jüdischen Kalender haben wir 5773, der Islam zählt das Jahr 1434, während wir uns nach europäischer frühmittelalterlicher Zeitrechnung im Jahr 2766 befinden. Lauter unverdächtige Zahlen. Aber sollte die Welt vor Drucklegung dieses kleinen Textes doch untergegangen sein, täte mir das leid, wäre aber nicht zu ändern. Und Sie würden das jetzt gar nicht lesen. Also: Schwamm drüber.

2013

Alles Gute!

Gerade wird Niedersachsen sechzig Jahre alt, da gibt es mal wieder Überlegungen zur Gründung eines Nordstaates in großem Ausmaß. Wenn das man gut geht …

Aber warum eigentlich nicht? Niedersachsen ist ja auch ein rein politisches Konstrukt und Nordstaatler klingt doch schon mal ganz gut, außer man heißt Scarlett O'Hara. Der nordfriesische Schlachtruf »Lever dod as Slaav!« – liebe Dänen, es ist nicht persönlich gemeint – würde in die Landeshymne eingehen. Passt doch.

Na ja gut, Hamburg und Bremen ist so eine Sache. Hanseaten und Landbevölkerung halten traditionell nicht viel voneinander. Hannover zählt nicht, gilt es doch und natürlich zu unrecht als Provinz. Die ist aber im Kopf, sonst nirgends – und Metropole übrigens auch. Schließlich senkt sich die Norddeutsche Tiefebene für alle. Eigentlich auch für Mecklenburg? Das liegt doch an der Ostsee?

Fragen über Fragen. Schon Niedersachsen ist unübersichtlich. Der Niedersachse selbst besteht gerne darauf, kein Niedersachse zu sein. Man denkt kleinräumiger. Wer aus Oldenburg kommt, hat gerade und vor allem seit 1575 in Jever nichts verloren, und wer aus Ostfriesland ist, schon gar nicht. Ballungsraum und Fläche beäugen sich kritisch. Was sind schon tausend Jahre Hildesheim gegen Jungsteinzeitliche Siedlungsreste im Leinetal? Geest, Börde, Marschen, Mittelgebirge, Meer und Heide. Räumlich und historisch ist Niedersachsen schwer zu überblicken. Aber Vielfalt ist auch Lebensqualität.

Erfreulich unübersichtlich und qualitätvoll ist auch die Literaturszene des Landes, die zum Glück gar keine Szene ist. Man grenzt sich nicht gerne ein – und auch nicht aus. Zum Landesgeburtstag erscheint eine schöne Anthologie zum Thema »Autor sein im Land der Schützenfeste und Grünkohlfahrten«. Schützenfeste kommen darin gar nicht und Grünkohl einmal vor. »Peine, Paris, Pattensen« ist der Titel.

Und schon hab ich sie wieder auf dem Hals: Ob es nicht Peine, Pattensen, Paris heißen müsse oder vielmehr Pattensen, Paris, Peine? Oder Zwieback? Peine heißt doch seit Robert Gernhardt ausdrücklich nicht Zwieback, was erwähnt werden muss. Ruhe! Jetzt ist Schluss. Wir gründen den Nordstaat, damit es endlich echte Niedersachsen gibt, die sich dann gegen die anderen Staatenbündler verbündeln.

Da es auch eine Frage des Geldes ist, wird Hamburg wahrscheinlich nicht mitmachen. Bundesweit sind da immer noch die meisten »Pfeffersäcke« zuhause. Aber Bremen wird dabei sein. Das ist mir recht, denn eines meiner Lieblingslieder ist vom Bremer Autor Sven Regener (richtig: »Herr Lehmann« und »Neue Vahr Süd«) und seiner Band »element of crime«. Es beginnt mit den schönen Zeilen: »Ich bin jetzt immer da, wo du nicht bist / Und das ist immer Delmenhorst.« Eigentlich könnte »Delmenhorst« doch Nordstaat-Landeshymne werden! Einen eingängigeren Refrain finden wir nie: »Hinter Huchting ist ein Graben / Der ist weder breit noch tief / Und dann kommt gleich Getränke Hoffmann / Sag Bescheid, wenn du mich liebst«.

2006

Endlich Stille

Schnee ist doch etwas Besonderes. Man kann ihn riechen, bevor er fällt, der bewölkte Himmel changiert ins Gelbe und dann schweben hübsche kleine Kristalle herab, winzig klein und doch so viele, dass – in Norddeutschland mit Glück – eine dicke weiße Schicht liegen bleibt. Schnee ist kalt und trotzdem anheimelnd. Aber nicht, weil er glitzert und alle Schäbigkeit romantisch verbrämt. Nein, Schnee macht alles leise: Endlich Stille.

Immer wenn Ruhe einkehrt, erscheint einem die Hast als vollständiges Rätsel. Aber leben wir nicht längst im Spiegelland? »Schneller! Schneller!«, ruft die schwarze Königin und zerrt uns mit sich fort. Zu unserer Überraschung befinden wir uns nach der ganzen Hetze genau dort, wo wir losgelaufen sind. »Selbstverständlich, …« kontert die Königin, »… hierzulande musst du so schnell rennen, wie du kannst, wenn du am gleichen Fleck bleiben willst. Um woandershin zu kommen, muss man noch mindestens doppelt so schnell laufen!« Zur Erquickung reicht sie dann einen staubtrockenen Keks.

Die Hast ist keine Erfindung des 20. oder 21. Jahrhunderts. Carroll schickt Alice 1871 ins Spiegelland. Auch bei Wilhelm Busch – »Eins, zwei, drei im Sauseschritt …« – eilt man schon durchs 19. Auffällig ist, dass bis heute oft die Humoristen und Satiriker an das Leben auf der Überholspur nicht glauben: »Ich kenne niemand, der Hasten oder Jagen heißt«, sagt Jenny, der kleine, verfressene Hund bei Maurice Sendak und wird doch Hauptdarsteller in Frau Hules Welttheater. Und Loriots Mann, der einfach nur so ein bisschen im Sessel sitzt, was seine Frau immer wieder zu der Frage reizt: »Aber was tust du?«, hat die

Lacher auf seiner Seite. Trotzdem, es hilft nichts. Neulich habe ich ein neues Wort gehört: Schlafdisziplin. Das ist kein Widerspruch in sich?! Ja, wir müssen auf uns achten, damit wir morgen wieder losrennen können.

Ich wünsche mir Schnee, viel Schnee. Auch wenn alle Autofahrer mich verwünschen mögen. Knirschenden, dämmenden, glitzernden Schnee, einen Polarhund, der den Mond anbeißt, ein paar kluge Schafe, überall nur Weiß, lauter Weiß und – endlich Stille.

2005

Dank an Heinz Baldermann, Alex Goretzki, Annette Hagemann, Dorothee Pfennig und Klaus Strempel für wichtige Tipps, an André Kleegräfe – notabene! – für die Katz, und vor allem an Michael Braun – nicht zuletzt für den Hinweis, dass man Bücher meist von vorne liest!

Die Autorin

Kathrin Dittmer, Jahrgang 1962, studierte unter anderem Politikwissenschaft, jobbte in Kneipen, Büros und auch mal in einer Schleifmittelfabrik, arbeitete eine Zeit lang bei der Denkmalpflege, lernte Kulturmanagement und leitet, schon sehr viel länger als sie je gedacht hätte, das Literaturhaus Hannover.

zu Klampen Verlag GbR
Röse 21
31832 Springe

Bei Fragen zur EU-Sicherheitsverordnung GPSR wenden
Sie sich bitte an info@zuklampen.de.